NORBERT PAUTNER
TIERE
MALEN
mit Tafelkreide
Bassermann

DIESES BUCH GEHÖRT:

. . . .

INHALTSVERZEICHNIS

EINLEITUNG

Du musst gar kein großer Künstler sein, um richtig schöne Tiere zu malen. Fang einfach mit ein paar Tafelkreide-Kritzeleien auf Tonpapier an. Wenn du die Kreide dann langsam und vorsichtig mit dem Finger verwischst, entstehen die schönen Formen und malerischen Farbverläufe ganz von allein. Kleinigkeiten wie Augen, Mäuler oder Pfoten fügst du zum Schluss einfach mit einem Buntstift hinzu.

DAS BRAUCHST DU ZUM MALEN:

Zunächst einmal benötigst du natürlich bunte Tafelkreide. Zwölf verschiedene Farben bekommst du oft schon für ein paar Euro. Achte darauf, dass die Kreiden schön weich sind und kräftige Farben haben. Beim Malen der Bilder für dieses Buch kam ich mit den Kreiden von Herlitz, Staedtler, Koh-i-Noor und Pelikan ganz gut zurecht. Aber es gibt natürlich auch noch viele andere schöne Kreiden. Straßenkreide eignet sich übrigens nicht, die ist viel zu hart und zu blass. Mit Pastellkreide funktioniert es aber ganz ordentlich. Weil diese Farben etwas dunkler sind, brauchst du zusätzlich immer auch ein bisschen weiße Tafelkreide. Pastellkreiden sind aber nicht mit Ölpastellkreiden zu verwechseln, denn die malen eher wie Wachsmalkreiden.

Außerdem brauchst brauchst du Buntstifte für „Kleinigkeiten" wie Gesichter und Pfoten der Tiere. Dafür werden vor allem Schwarz und Weiß benötigt.

Gemalt wird auf Tonpapier. Das sollte möglichst dunkle Farben haben, damit sich die Kreide gut vom Untergrund abhebt.

FOTOS HELFEN BEIM MALEN:

Große Künstler malen oft nach einem Vorbild. Weil aber nicht immer ein Murmeltier zur Hand ist, wenn man es braucht, genügt meist auch ein Foto aus einem Buch oder dem Internet.

Um ein Tier mit all seinen Besonderheiten gut zeichnen zu können, ist es meist eine gute Idee, mehr als ein Foto zu haben. Dann erkennst du auch Sachen, die du auf der eigentlichen Fotovorlage nicht so gut sehen kannst.

Das Erscheinungsbild eines Tiers lässt sich in der Regel gut in einfache Formen „übersetzen" – meistens sind dies Kreise, Linien oder Drei- und Vierecke.

Mit ein wenig Übung erkennst du diese Formen schnell und kannst sie ganz einfach aufs Papier zeichnen.

Die Formen lassen sich anschließend mit verschiedenen Farben ausfüllen. Auch hier gibt das Foto die Richtung vor. Dabei musst du aber nicht super genau sein.

Wenn du die farbigen Kreiden vorsichtig verwischt hast, sind die einzelnen Form kaum noch voneinander zu unterscheiden. Dafür erkennt man nun die „ganze" Form.

KRITZELN UND WISCHEN

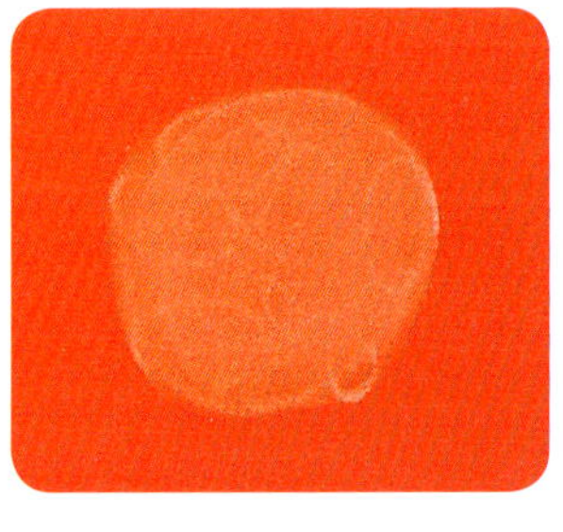

Wenn du das Gefühl hast, dass eine Form nicht hell oder kräftig genug ist, solltest du nicht einfach nur kräftiger aufdrücken. Das hilft meist nicht: Die Kreide lässt sich anschließend oft nicht gut verwischen.

Lege die Farbe lieber in mehreren Schichten an: Malen, verwischen, dann darüber erneut malen und dann wieder wischen. So wird die Farbe intensiver, ohne dass es zu viel Staub gibt oder das Papier beschädigt wird.

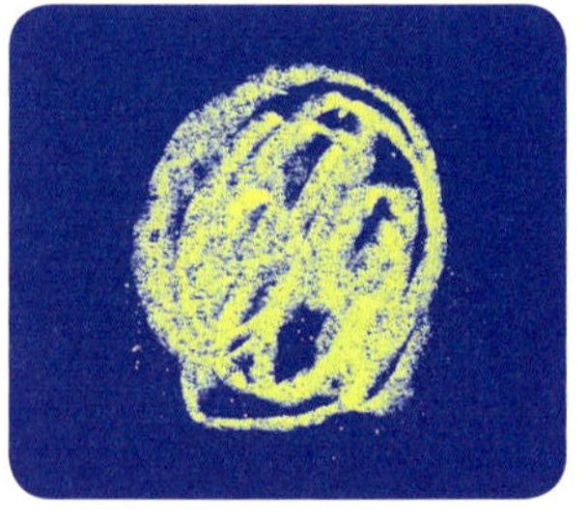

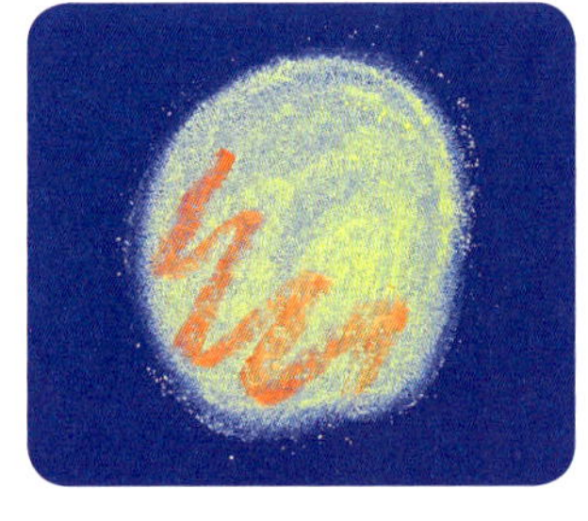

Fürs Mischen der Farben gibt es zwei Möglichkeiten: Du malst und verwischst zuerst die hellere Farbe. Danach kritzelst du mit der zweiten Farbe darüber und verwischst auch diese. Oder du malst beide Farben zusammen aufs Papier und verwischst sie dann in einem Zug. Das kann sehr schön aussehen – du hast aber etwas weniger Kontrolle über das Ergebnis.

TIPP: Puste nach dem Wischen immer vorsichtig übers Papier, damit der Kreidestaub nicht dein Bild verschmiert. Darum solltest du deine Kreidebilder auch am besten dort malen, wo ein bisschen bunter Staub nicht stört.

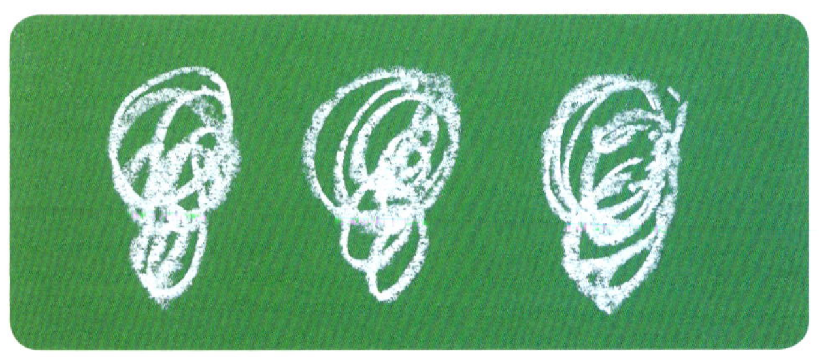
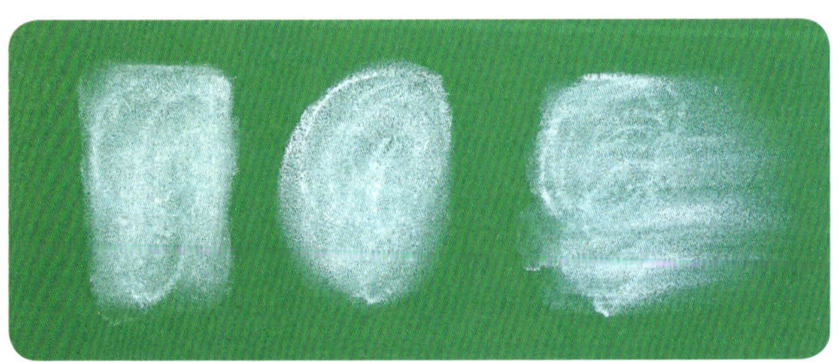

Mit dem Verwischen bestimmst du die Form deines Bildes mehr als mit dem Malen. Die Formen auf dem linken Bild sehen etwa gleich aus. Rechts siehst du, wie daraus durch unterschiedliches Wischen ein Viereck, ein Oval und eine Art von Bewegung entstanden sind.

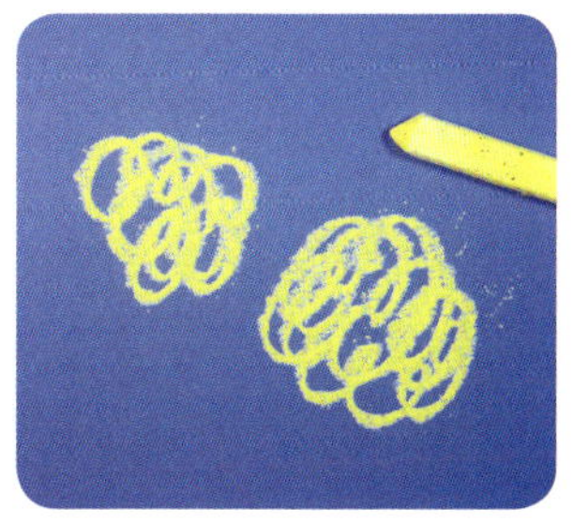
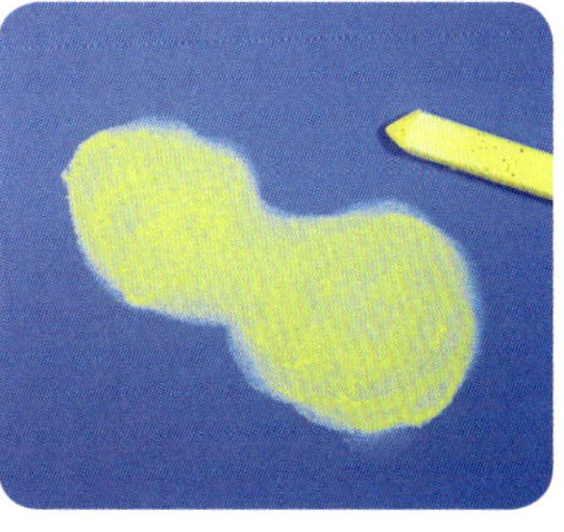
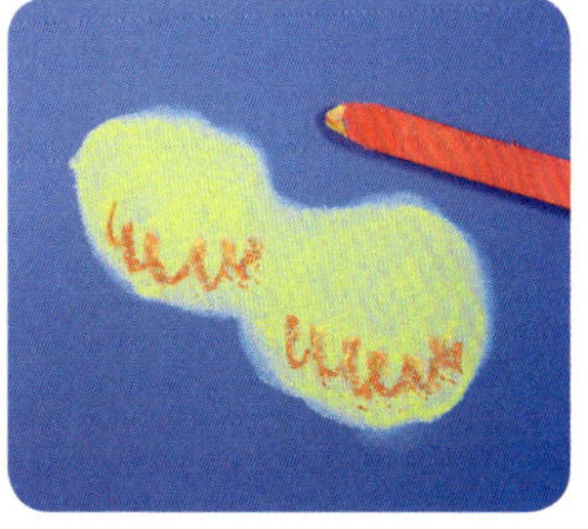
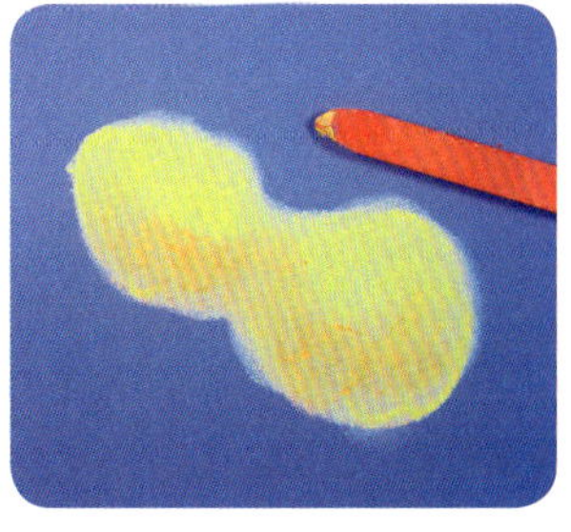

Mit der Kreide musst du die Form nur ungefähr vorzeichnen – das darf ruhig etwas krakelig aussehen. Die „richtigen" Formen wischst du ja mit dem Finger zurecht.

Wenn du Teile der Form dunkler machen möchtest, solltest du die dunklere Farbe erst einmal vorsichtig auftragen, denn später kannst du sie nicht mehr wegnehmen.

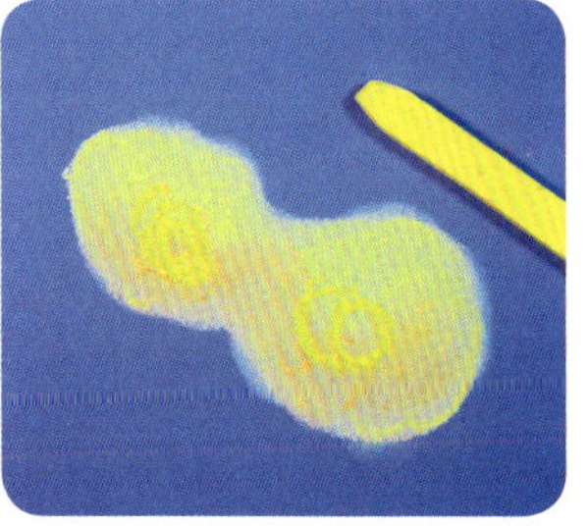
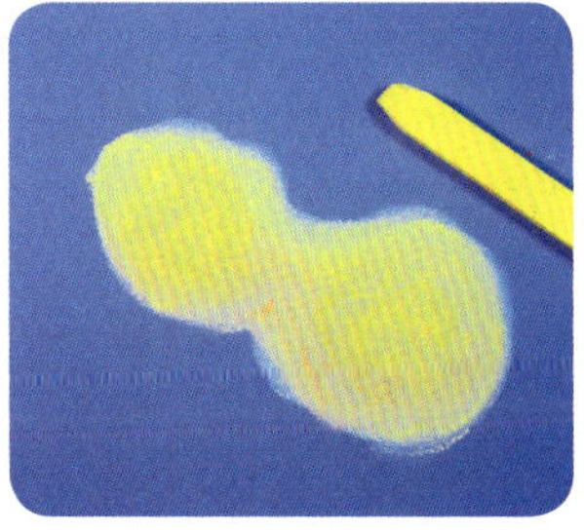
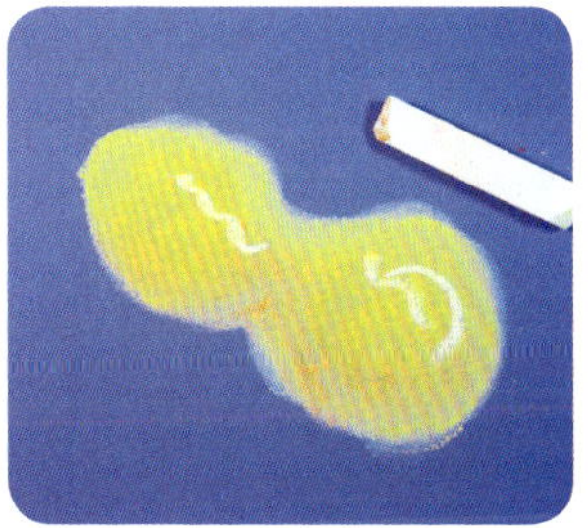
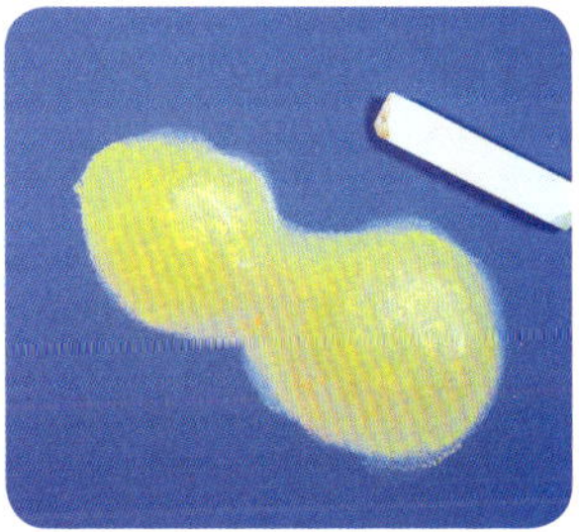

Mit der hellen (oder einer „mittleren") Farbe machst du die Übergänge weicher.

Wenn du einen Bereich mit Weiß aufhellen möchtest, machst du das am besten ganz zum Schluss.

TIPP: Du solltest immer einen feuchten (Wasch-) Lappen in der Nähe haben, wenn du Kreidebilder malst. Wenn du deine Finger zwischen dem Verwischen verschiedener Farben immer wieder säuberst, vermischen sich die Farben nicht versehentlich miteinander.

UND SO FUNKTIONIERT DAS BUCH:

Im oberen Bereich der Seite siehst du zuerst einmal das fertige Bild. Daneben findest du das Foto, nach dem das Tier gemalt wurde.

Darunter wird dir Schritt für Schritt gezeigt, wie das Bild durch Kritzeln, Wischen und Zeichnen entsteht.

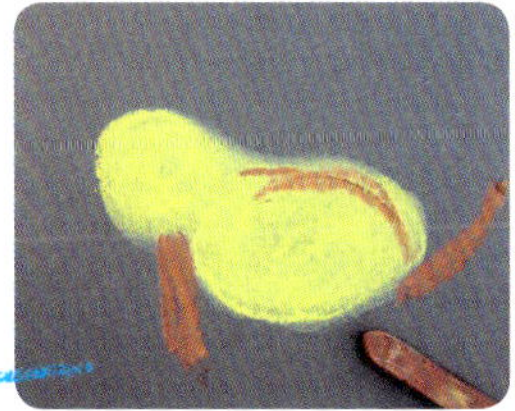

Kommt eine neue Farbe ins Spiel, wird dir das angezeigt.

Manchmal wird ein Teil des Bildes vergrößert, damit du die Details besser erkennen kannst.

KAKADU

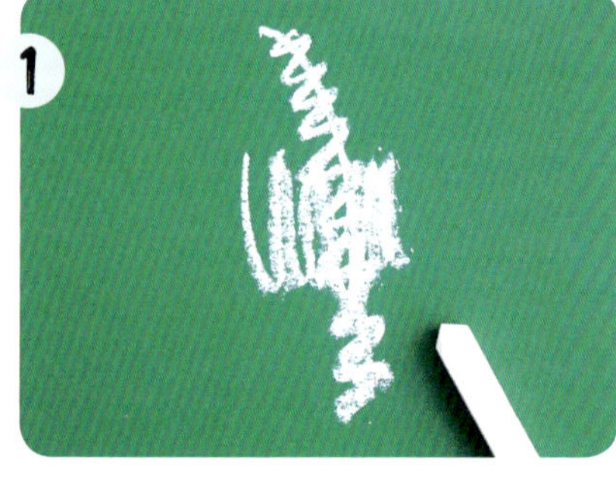
1

2

3

4

5

6

7

8

9

KOLIBRI

1

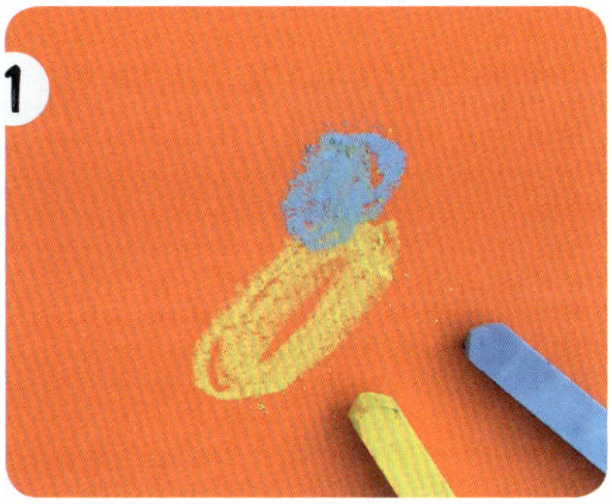

2

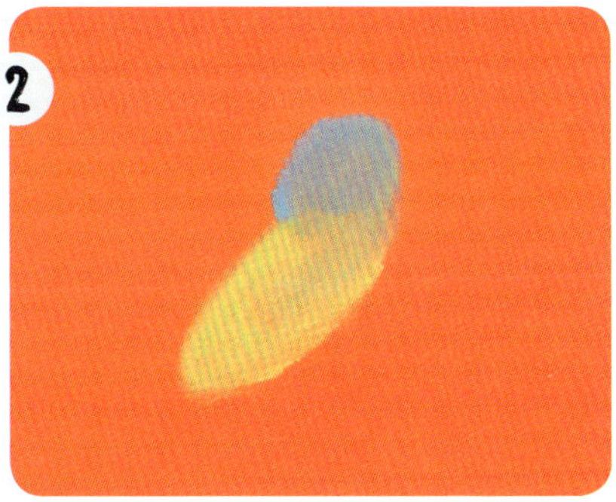

3

4

5

6

7

8

9

STORCH

EULE

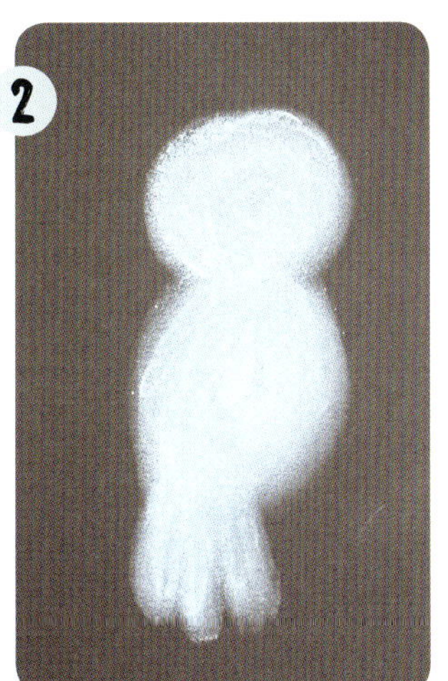

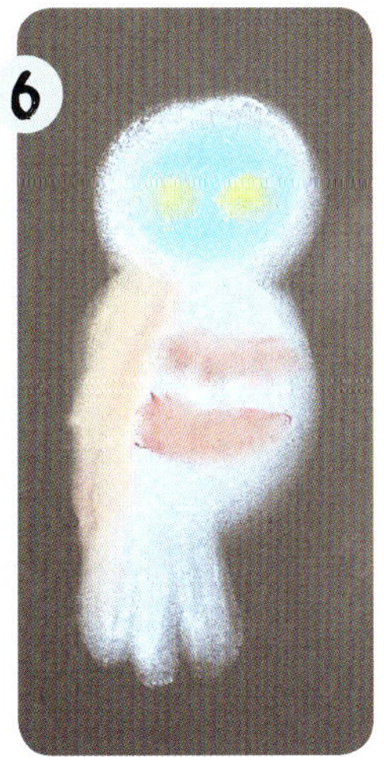

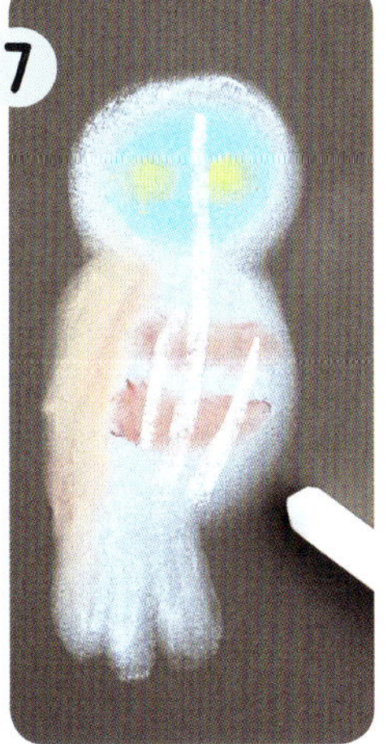

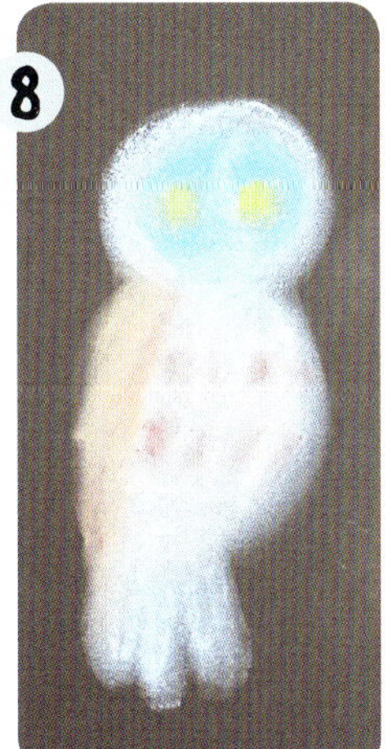

BLAUMEISE

1

2

3

4

5

6

7

8

9

10

11

ROTKEHLCHEN

1

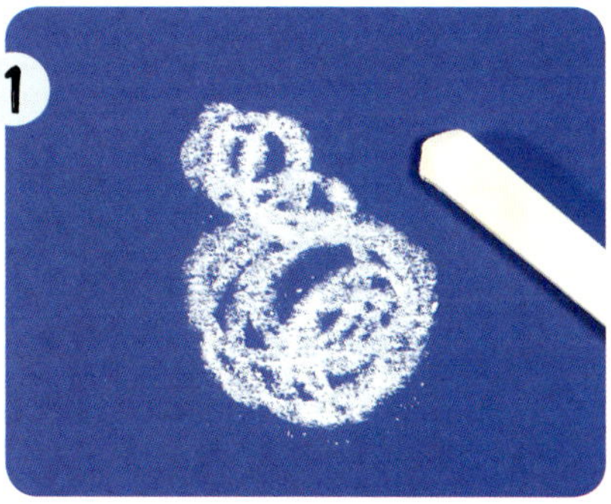

2

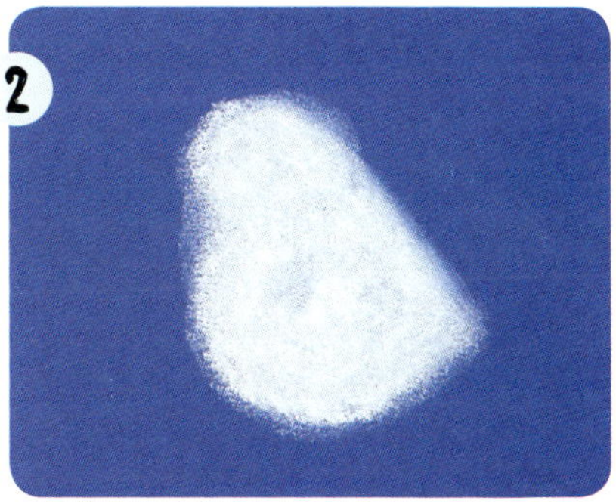

3

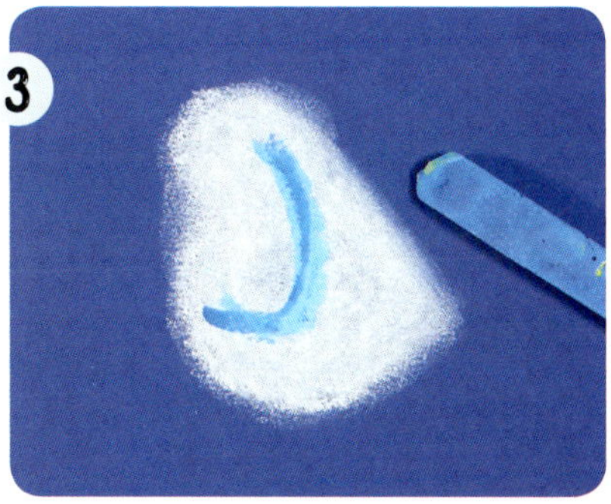

4

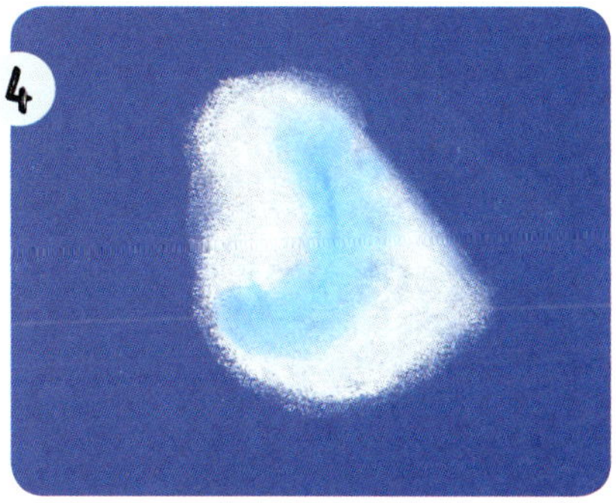

5

6

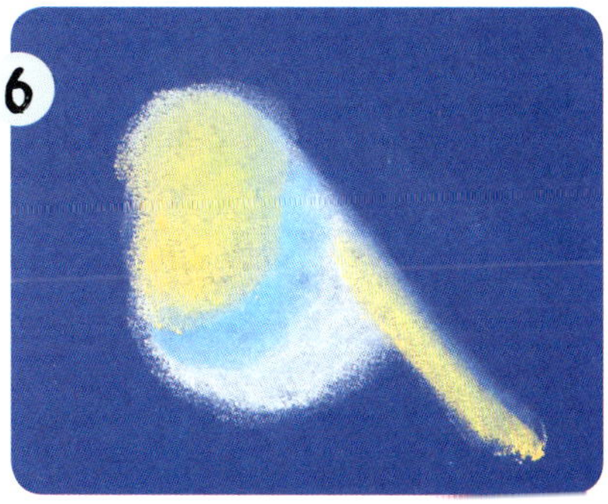

7

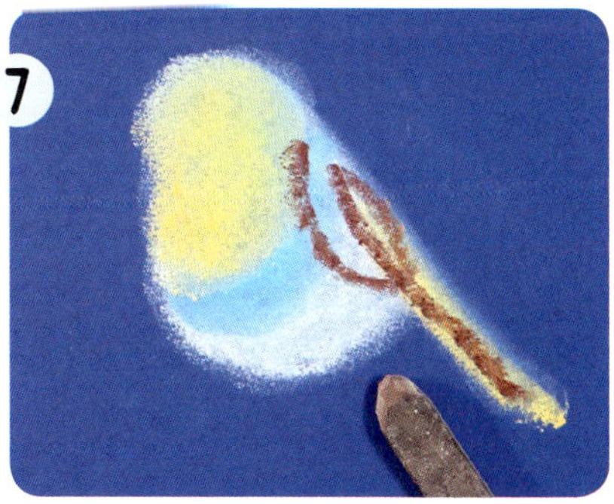

8

9

STRAUß

1

2

3

4

5

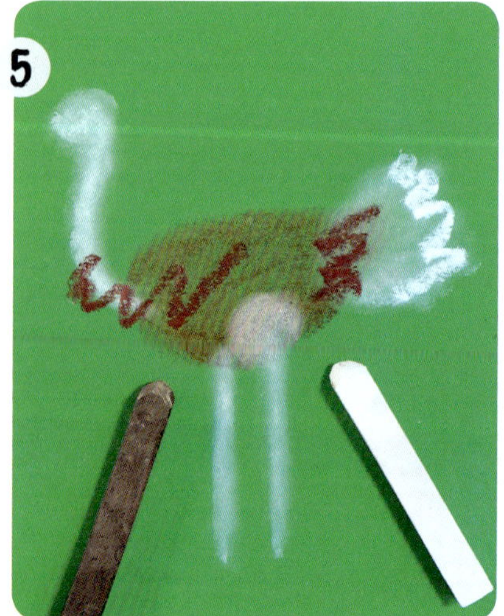

6

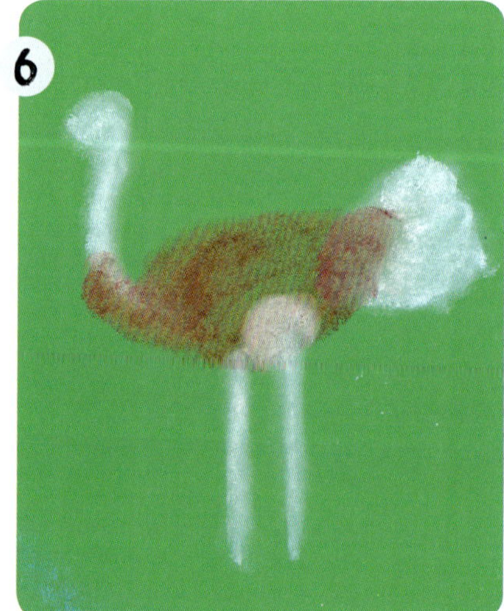

7

PELIKAN

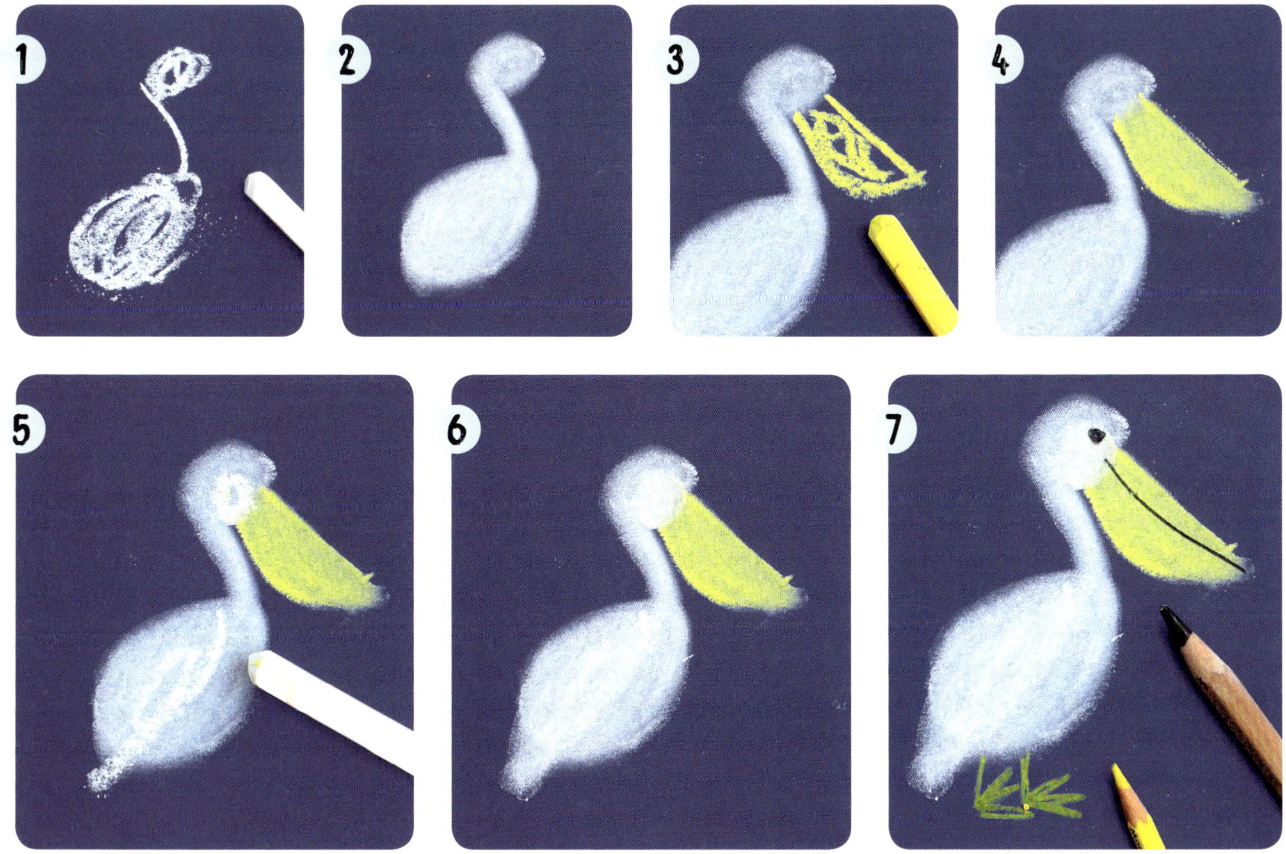

1

2

3

4

5

6

7

FLAMINGO

1

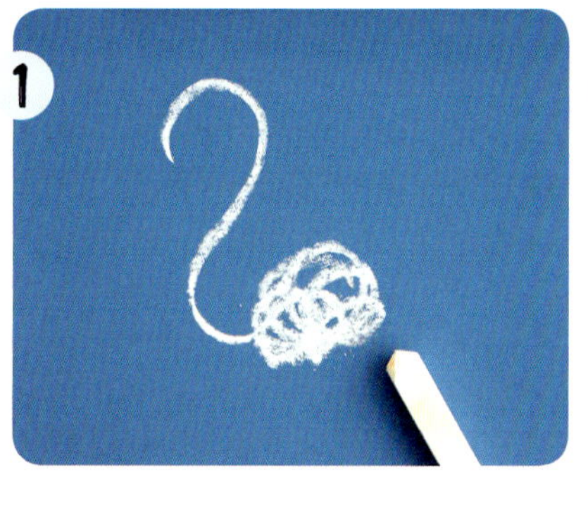

2

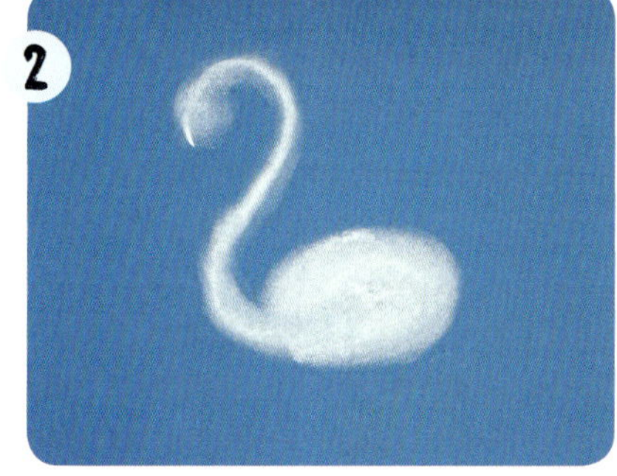

3

4

5

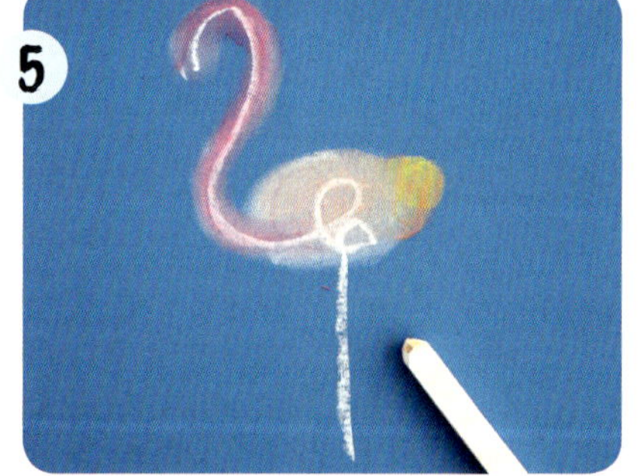

6

7

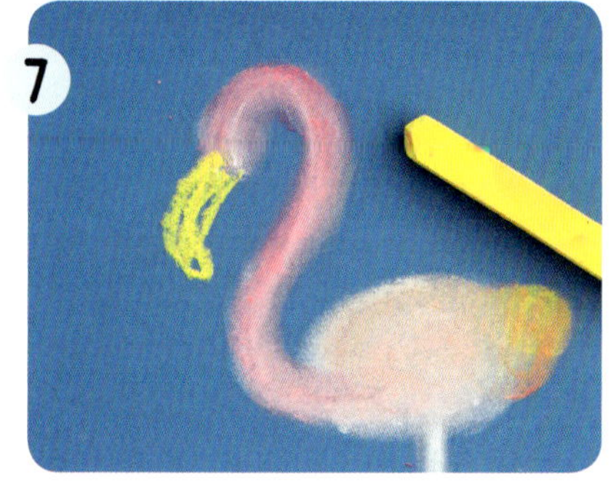

8

9

PAPAGEI

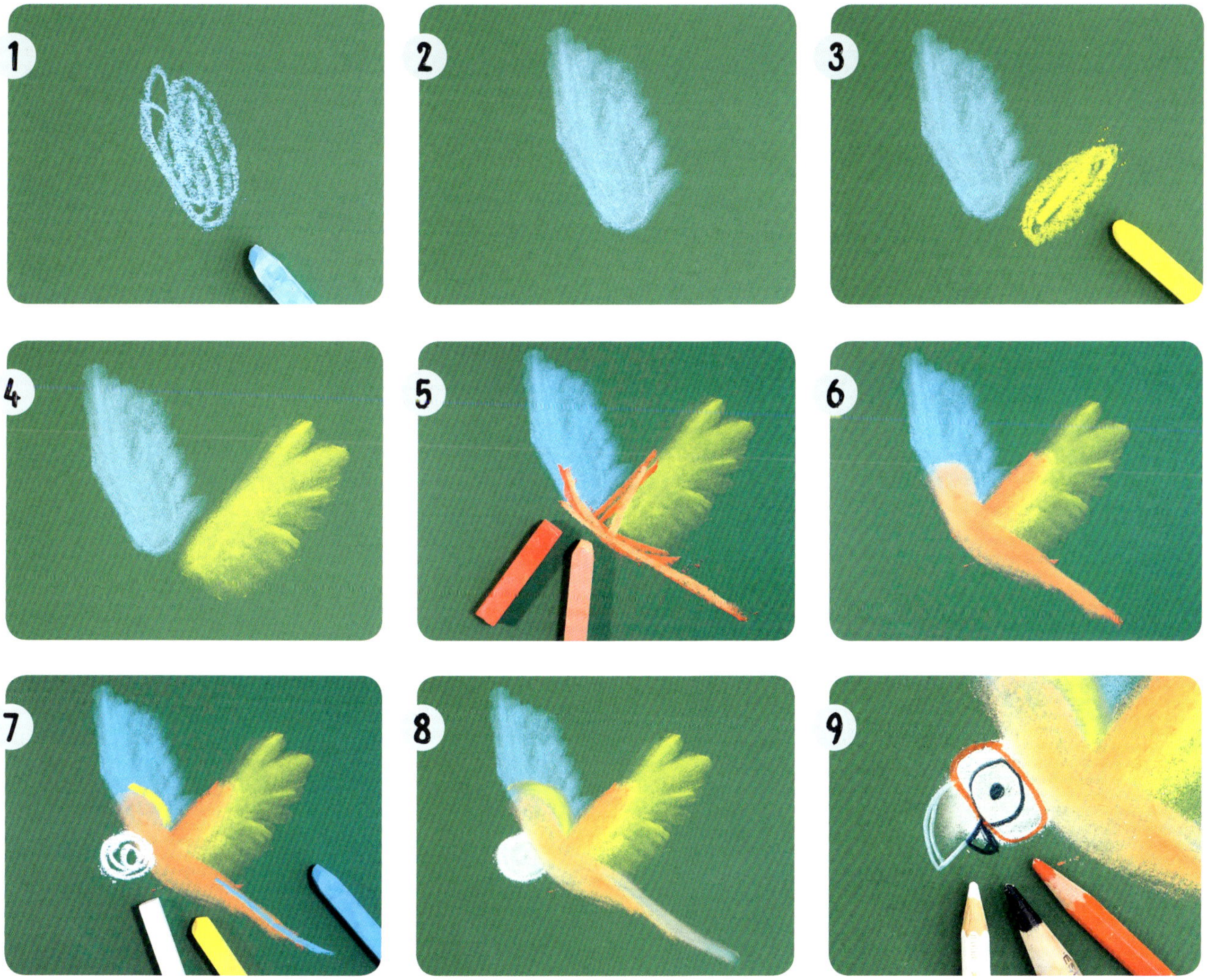

1

2

3

4

5

6

7

8

9

WELLENSITTICH

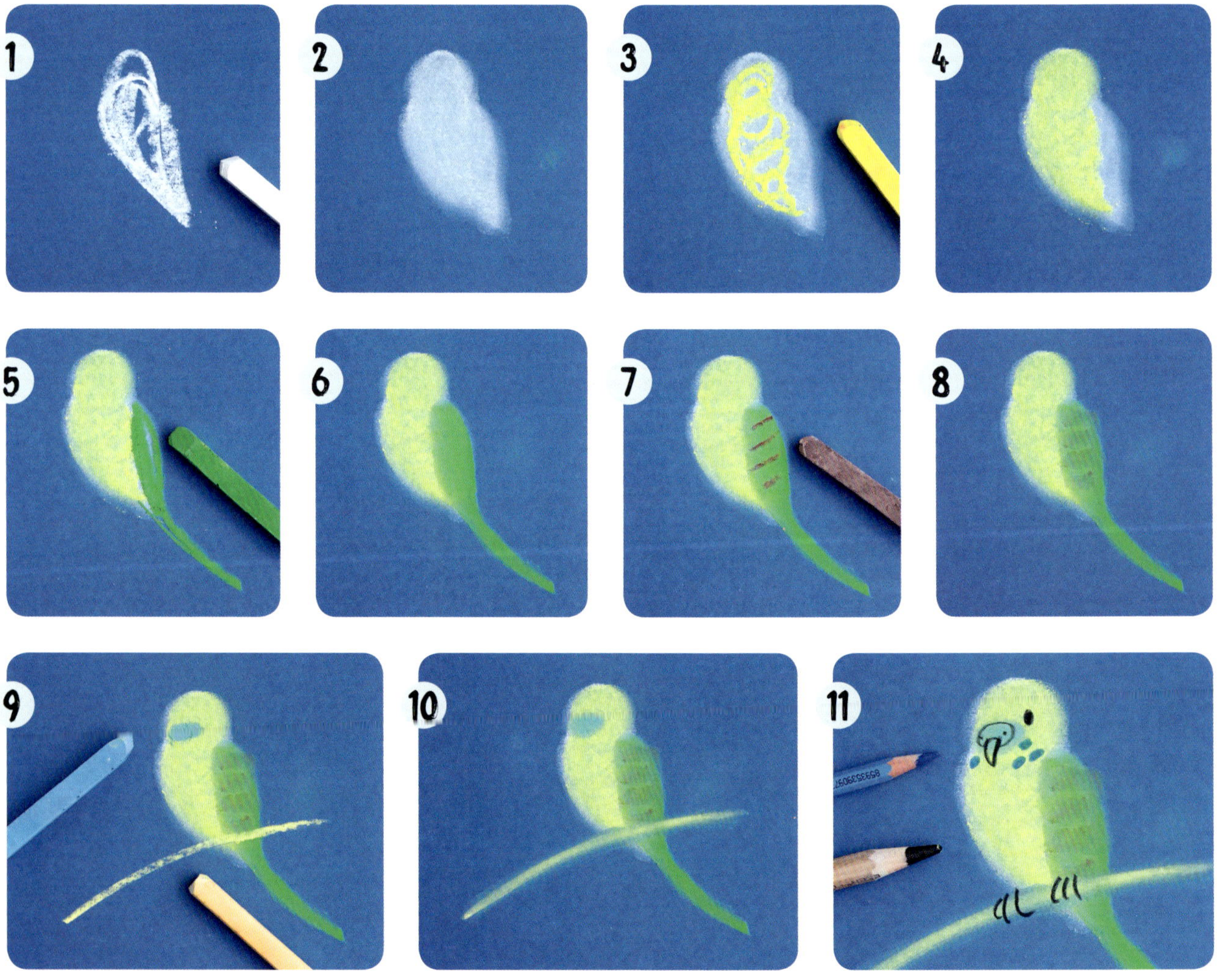

1

2

3

4

5

6

7

8

9

10

11

MÖWE

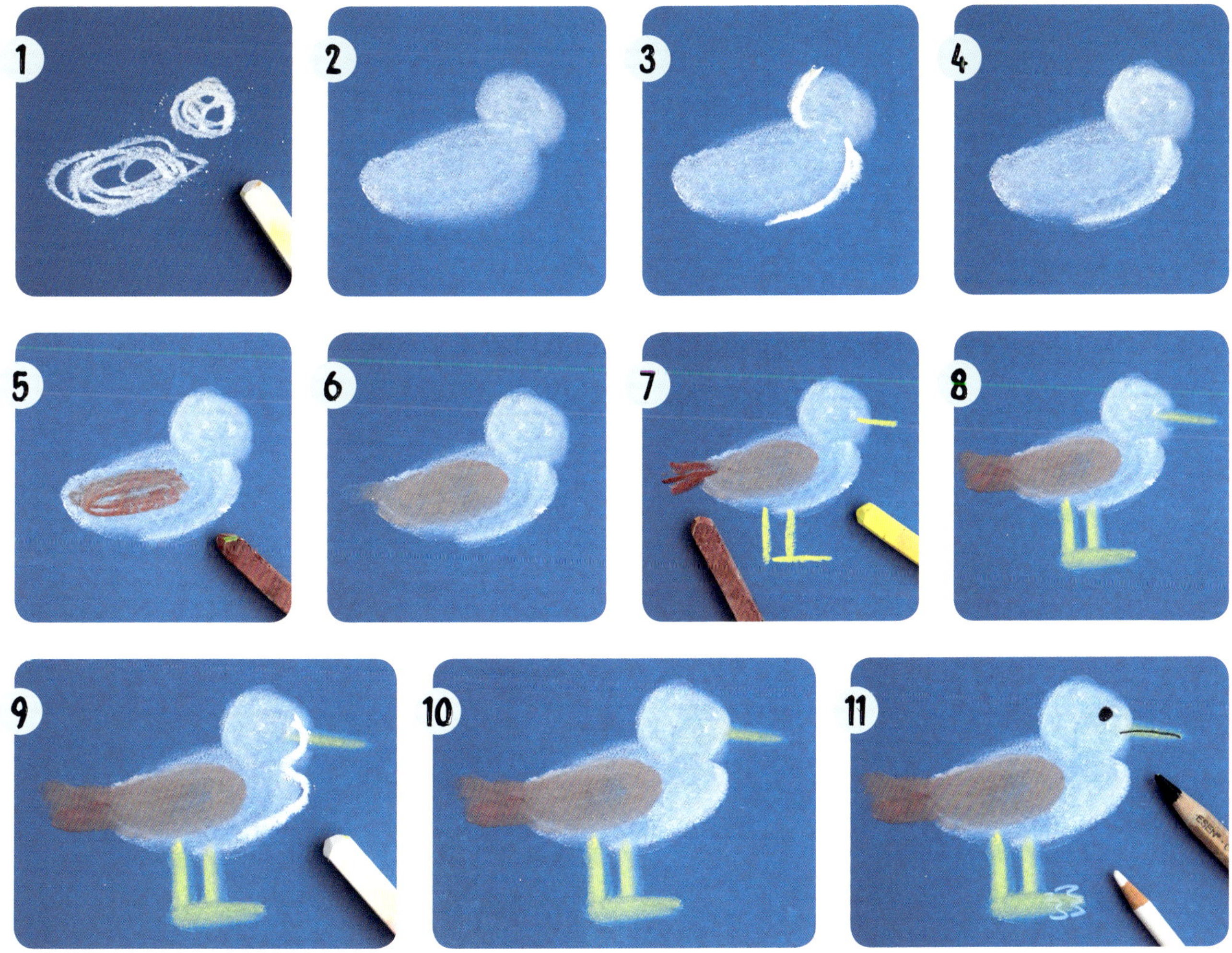

WIEDEHOPF

1

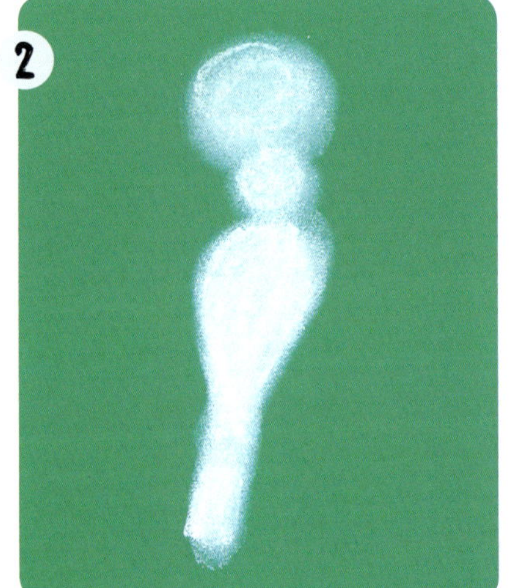
2

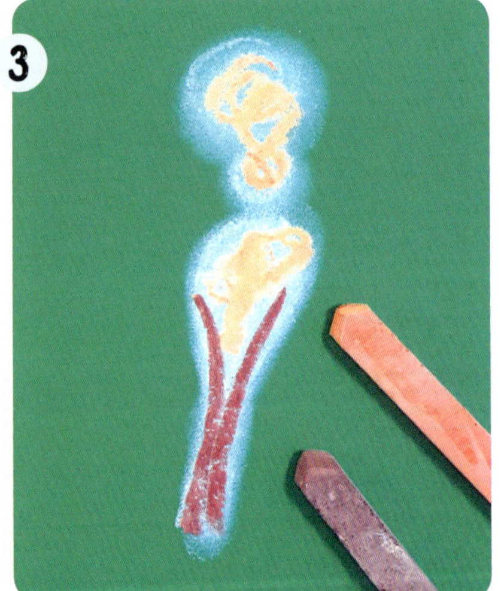
3

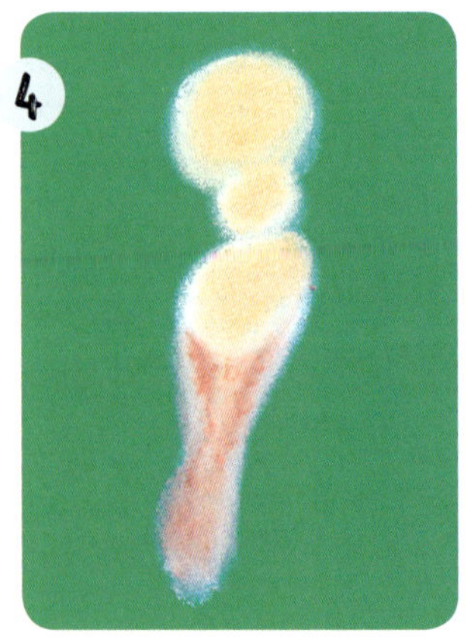
4

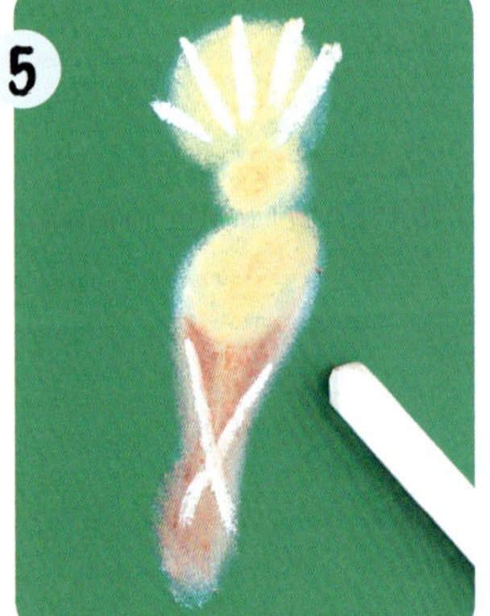
5

6

7

TAUBE

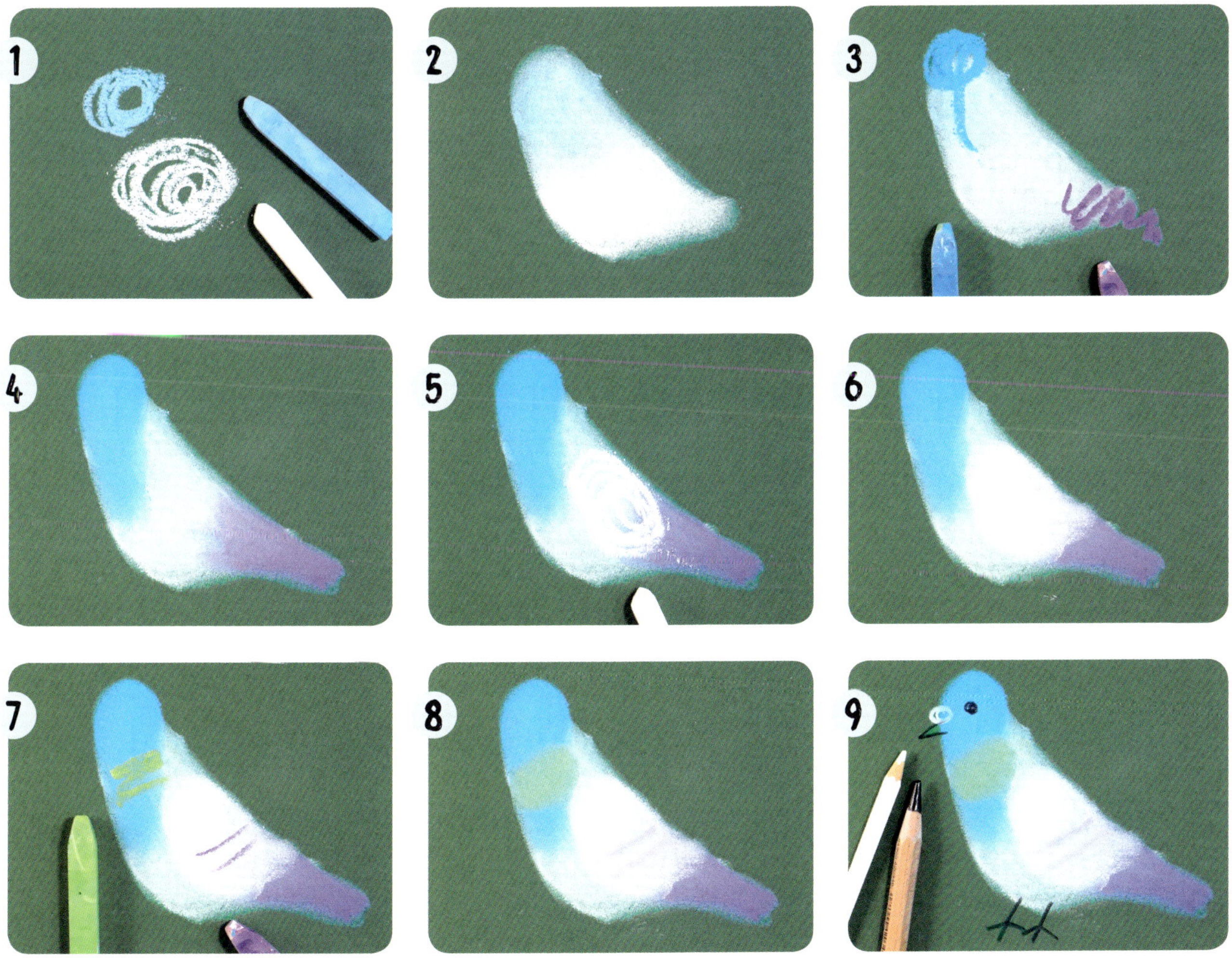

1

2

3

4

5

6

7

8

9

ENTE

PFAU

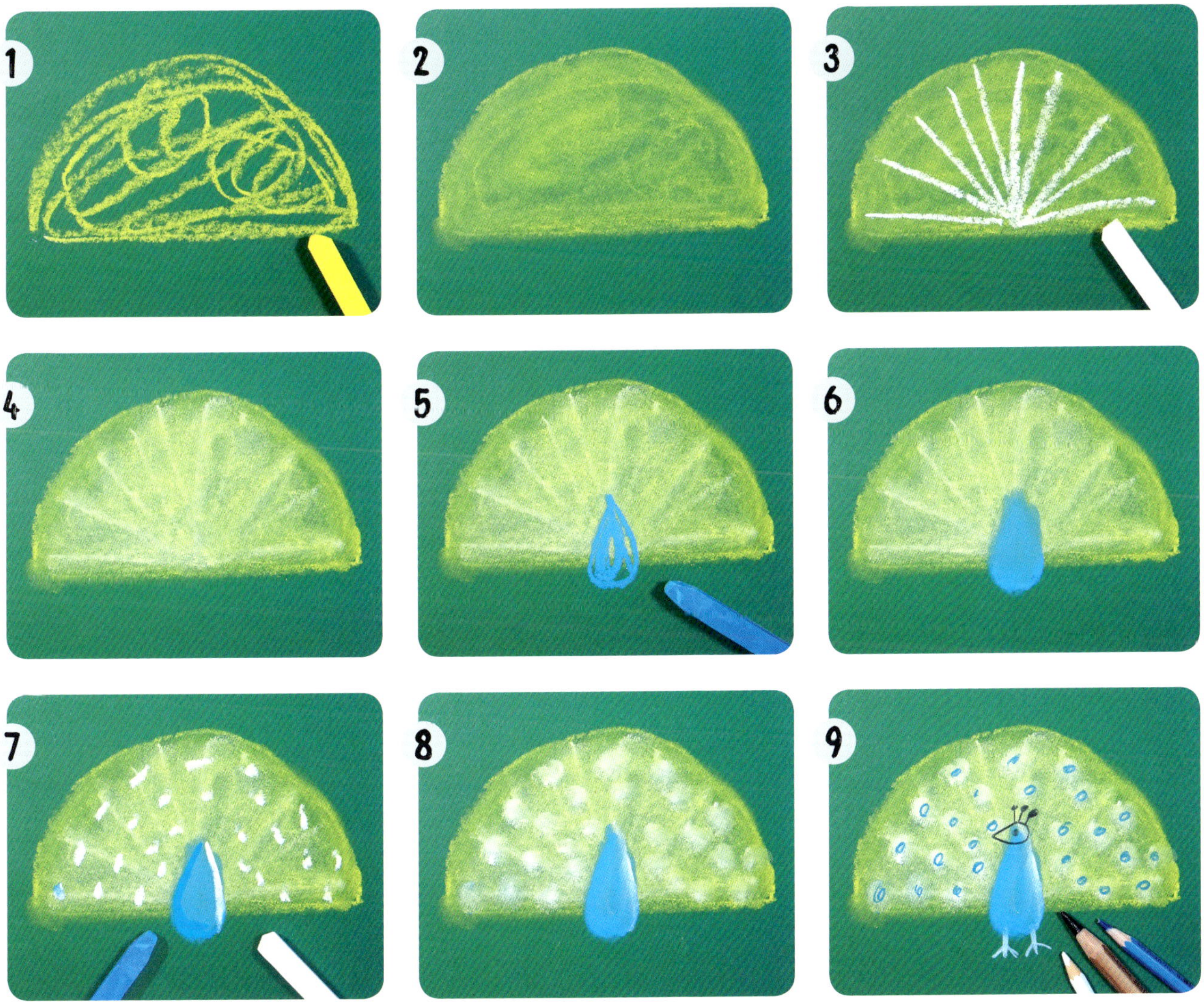

1

2

3

4

5

6

7

8

9

SCHWAN

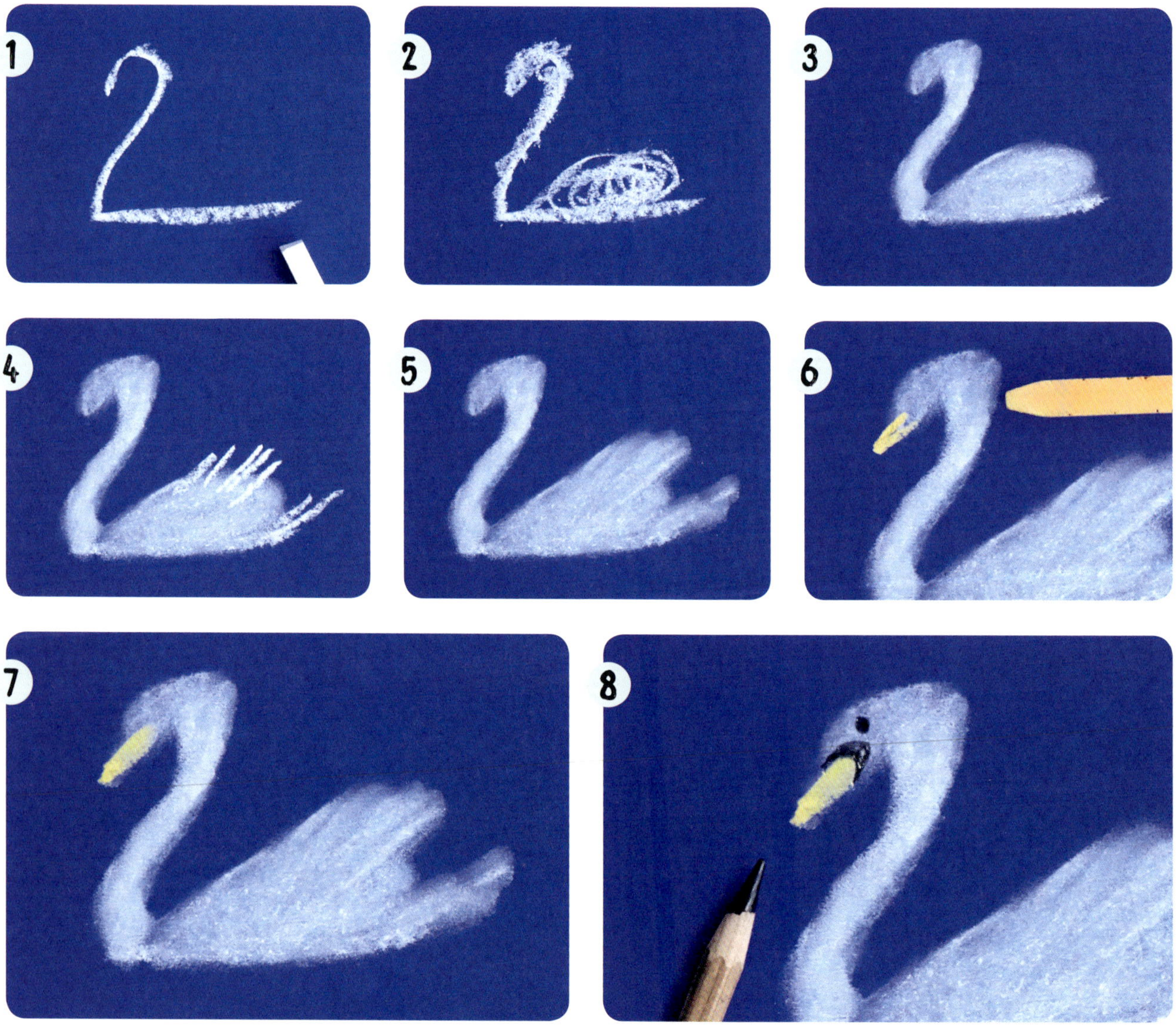

HAHN

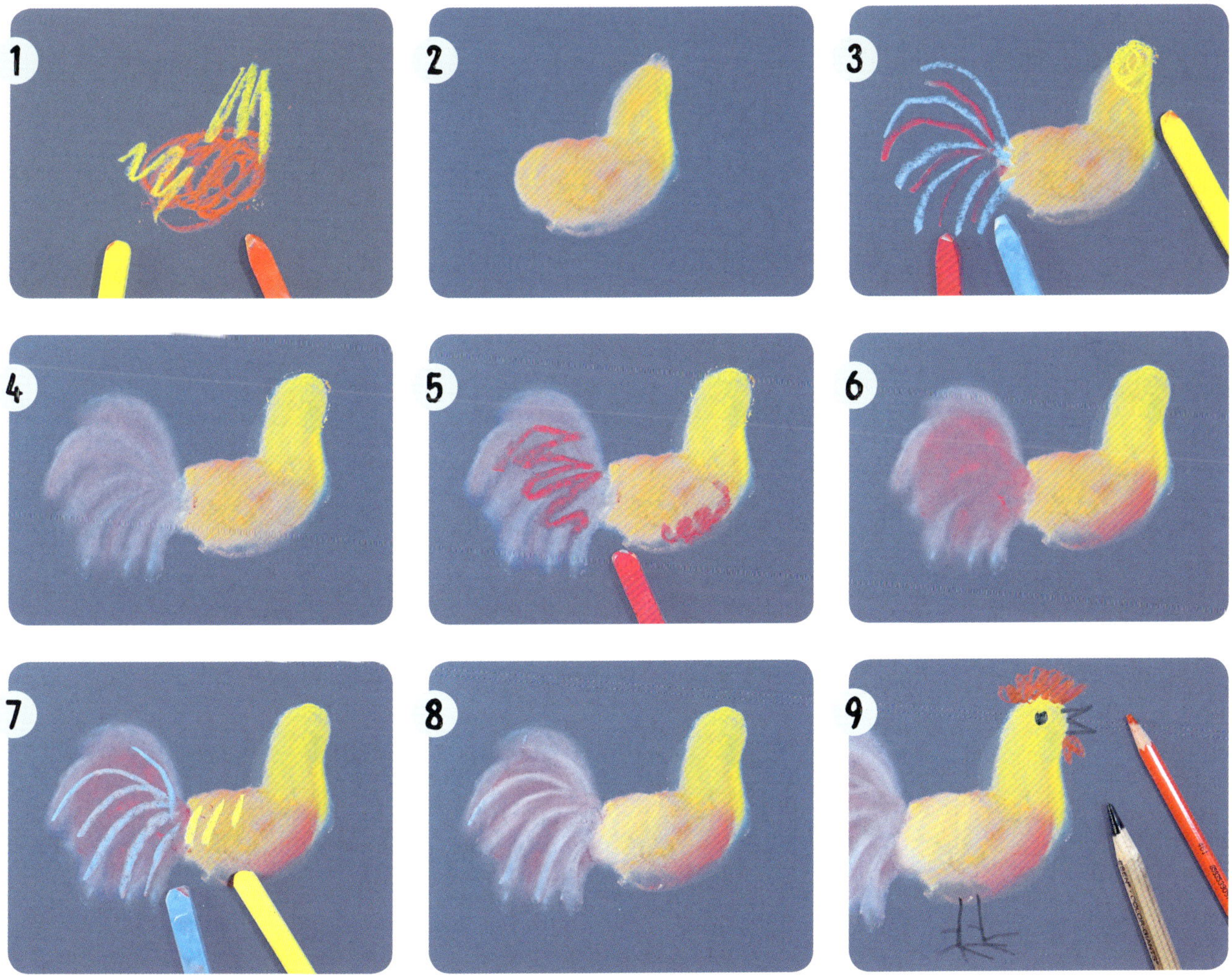

1

2

3

4

5

6

7

8

9

SCHWEIN

1

2

3

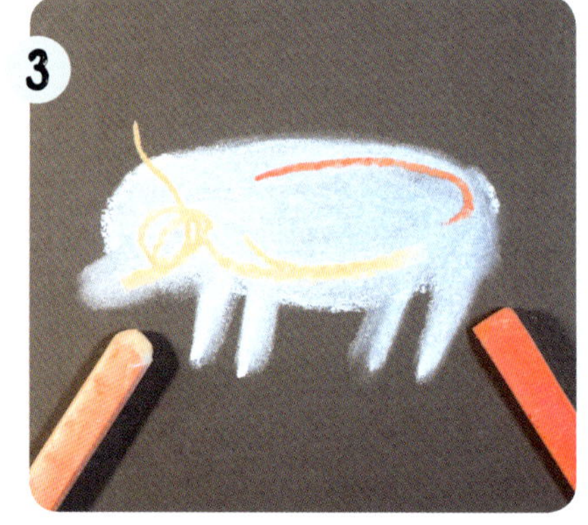

4

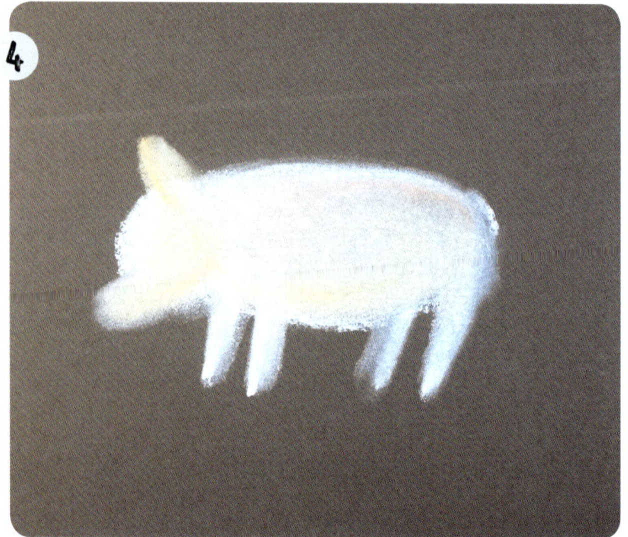

5

KUH

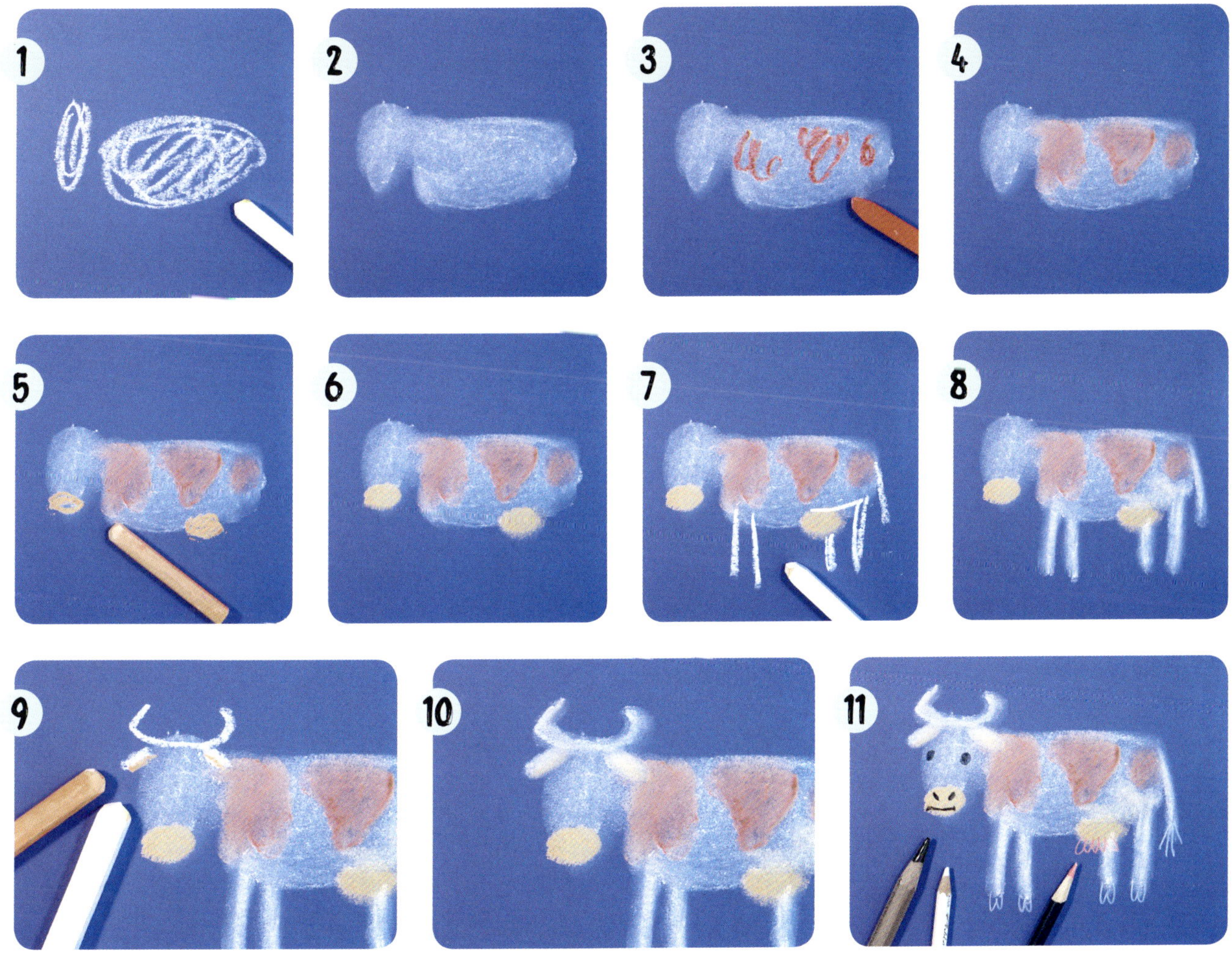

1 2 3 4

5 6 7 8

9 10 11

SCHAF

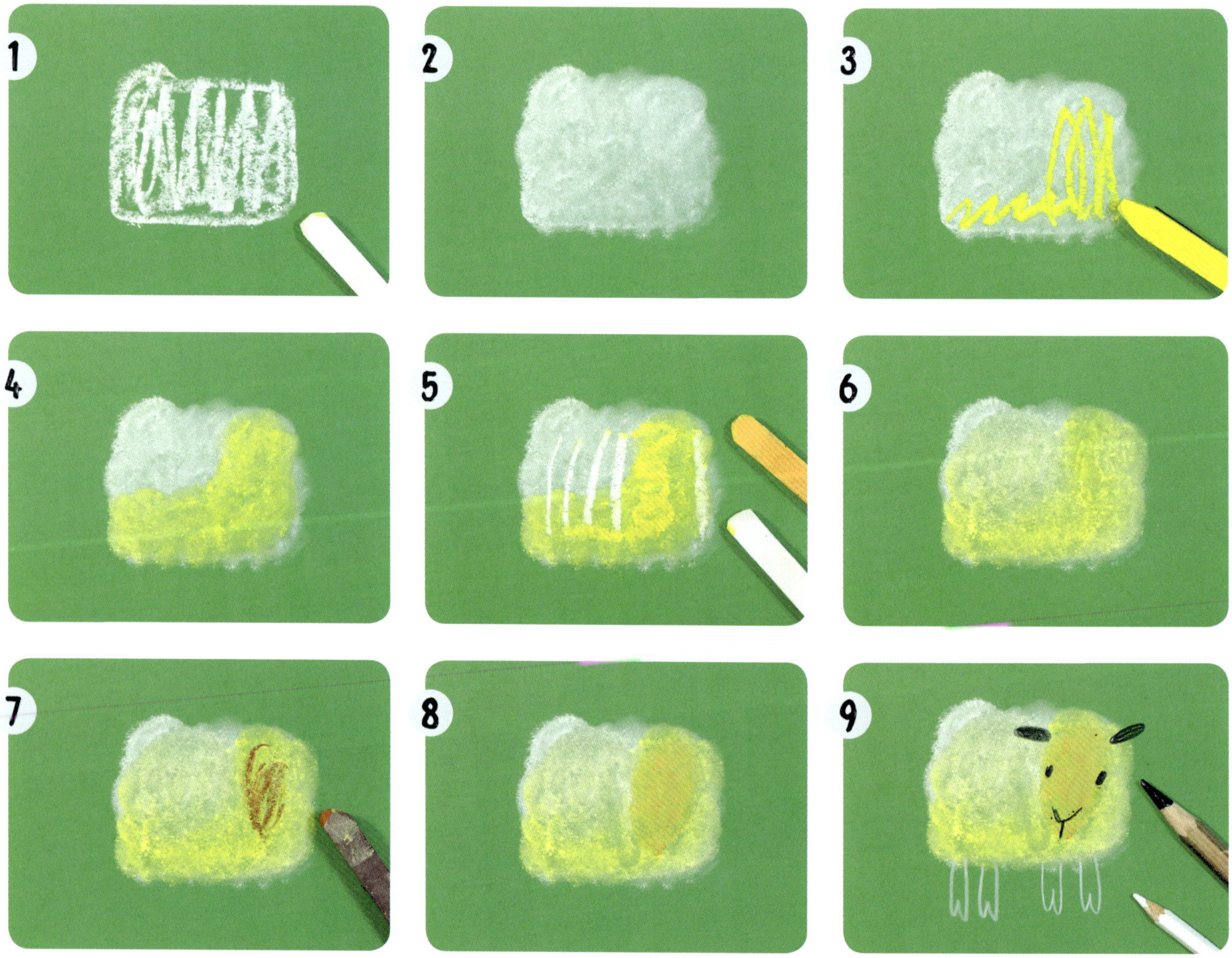

1

2

3

4

5

6

7

8

9

ZIEGE

1

2

3

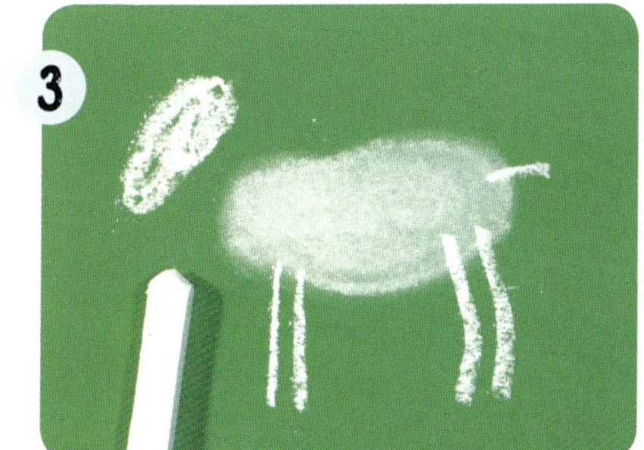

4

5

6

7

ESEL

1

2

3

4

5

6

7

HUND

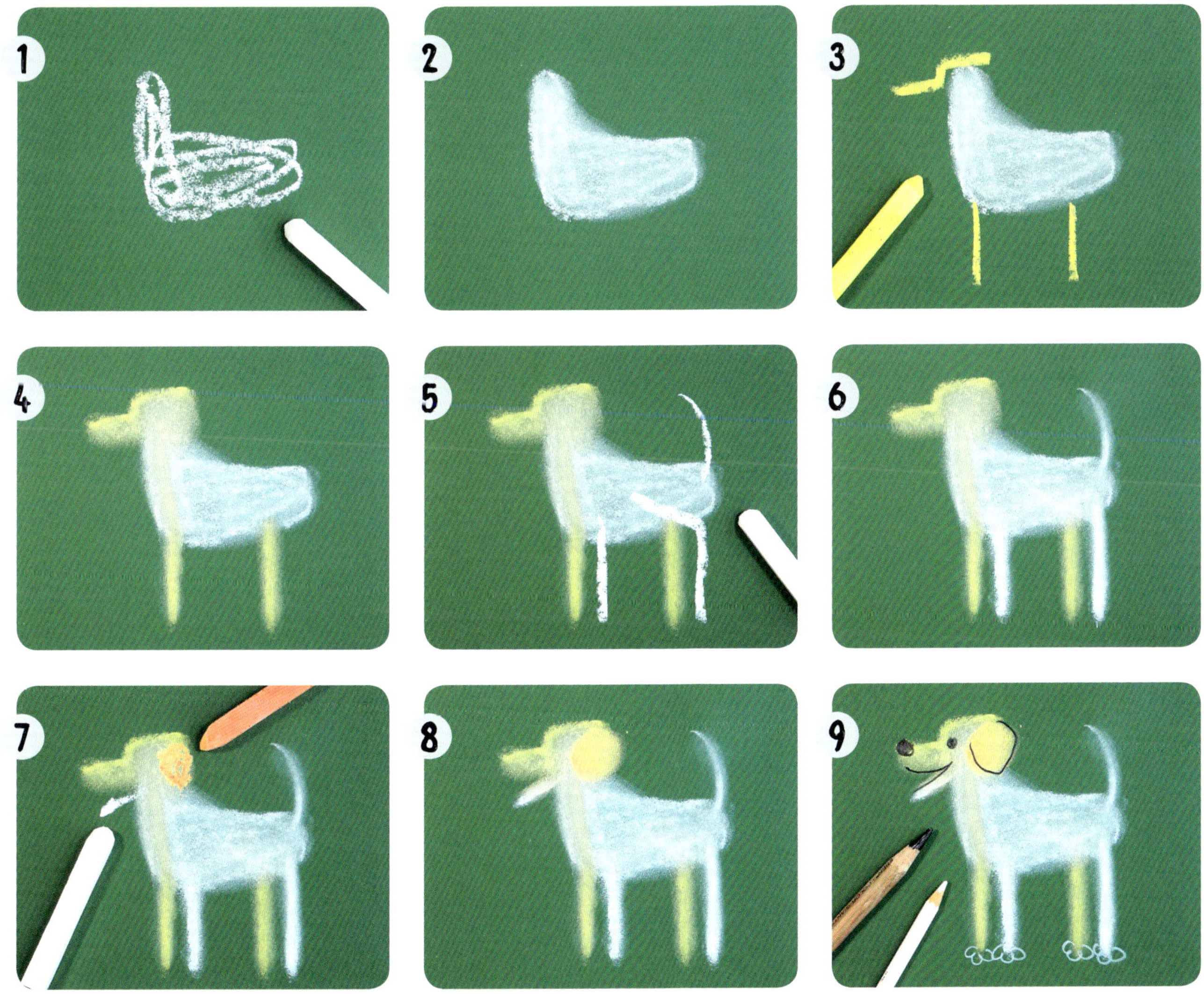

1

2

3

4

5

6

7

8

9

KATZE

1

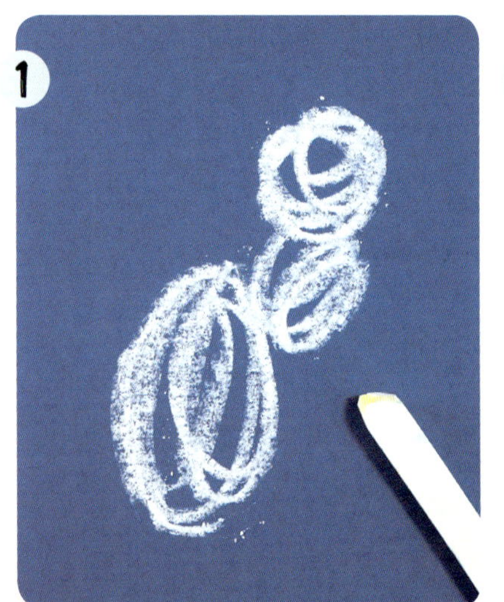

2

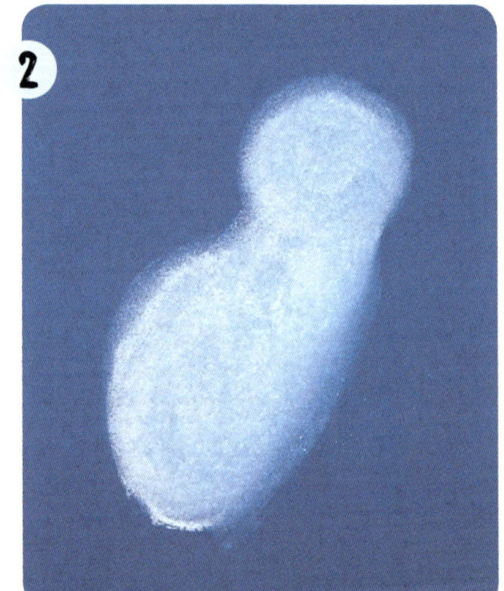

3

4

5

6

7

MAUS

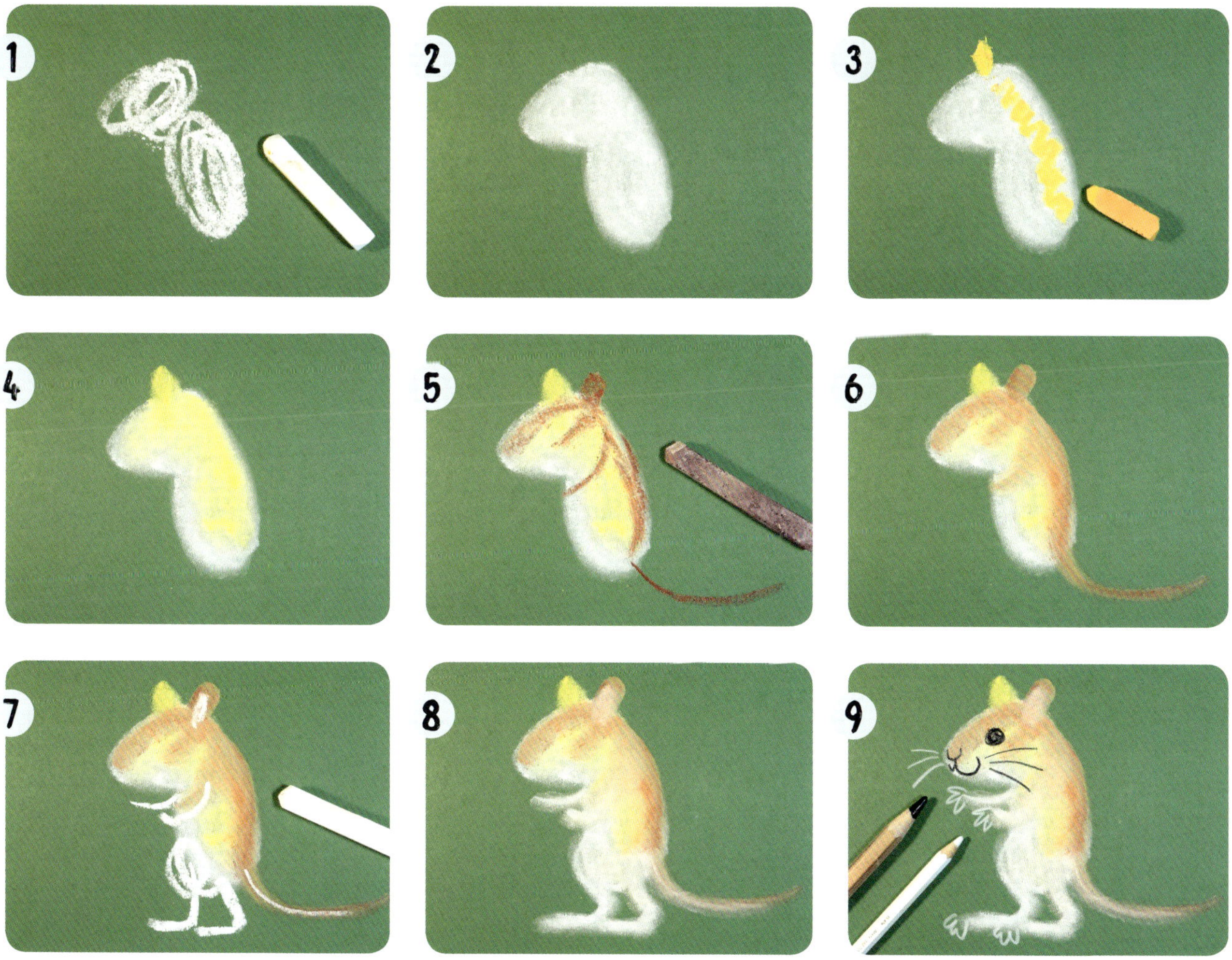

1

2

3

4

5

6

7

8

9

HAMSTER

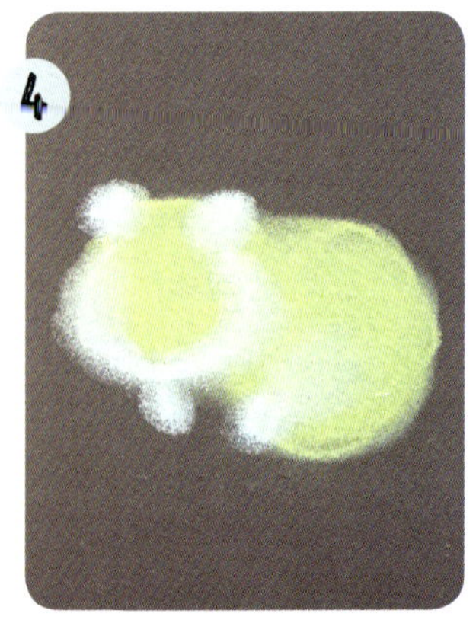

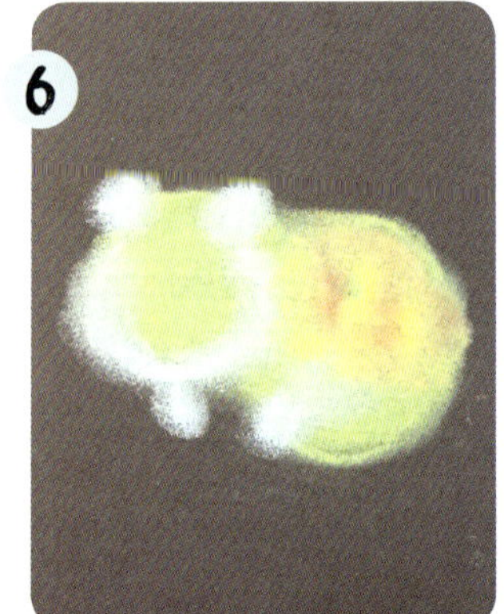

HASE

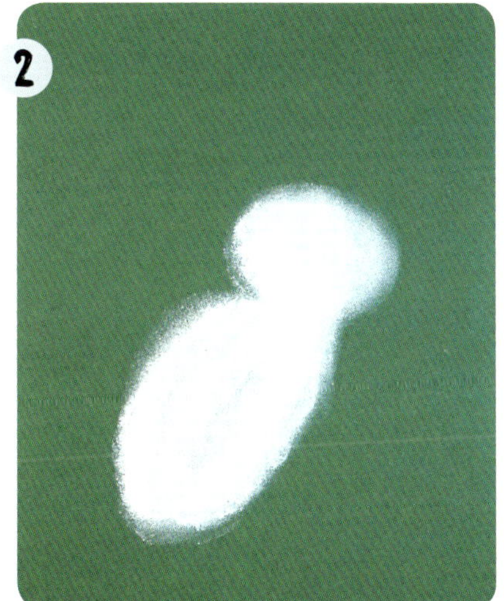

IGEL

1

2

3

4

5

6

7

8

9

10

11

EICHHÖRNCHEN

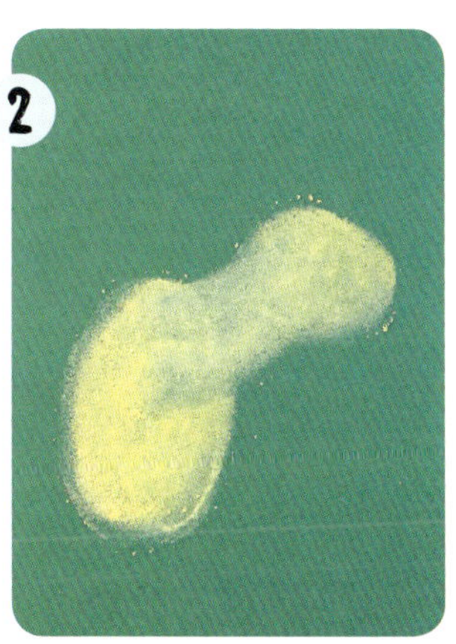

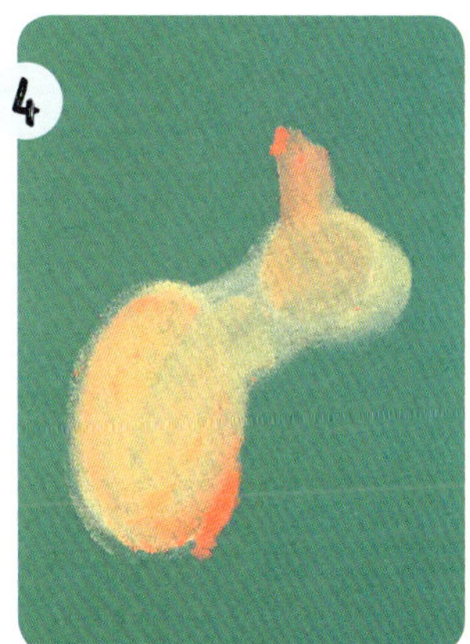

FUCHS

MURMELTIER

1

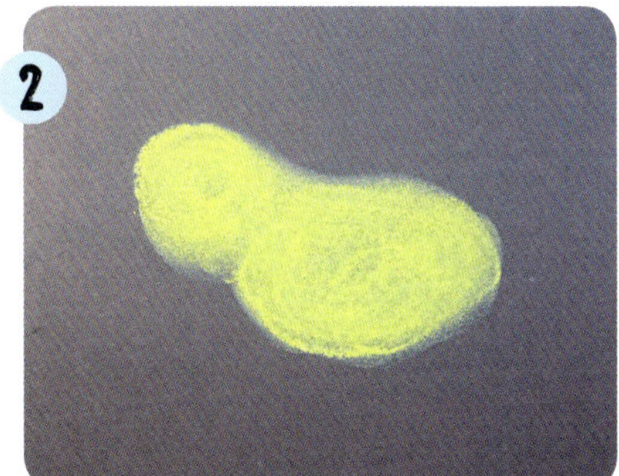

2

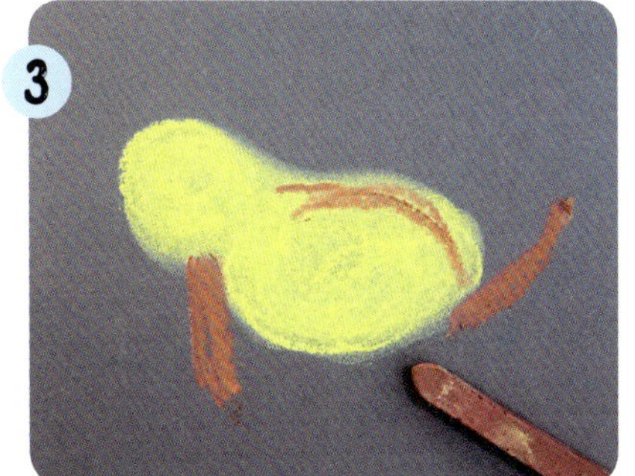

3

4

5

6

7

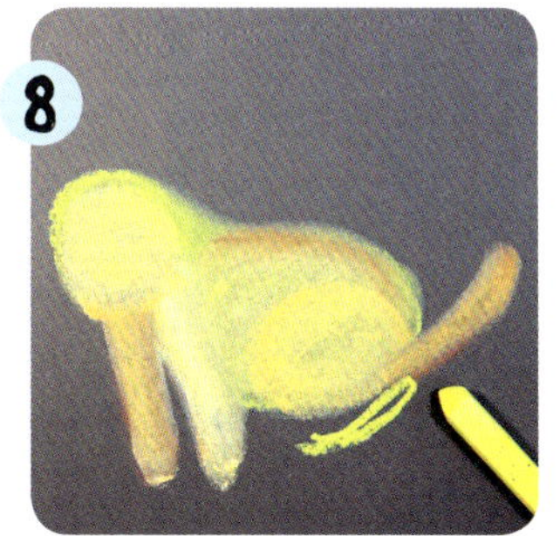

8

9

10

FLEDERMAUS

1

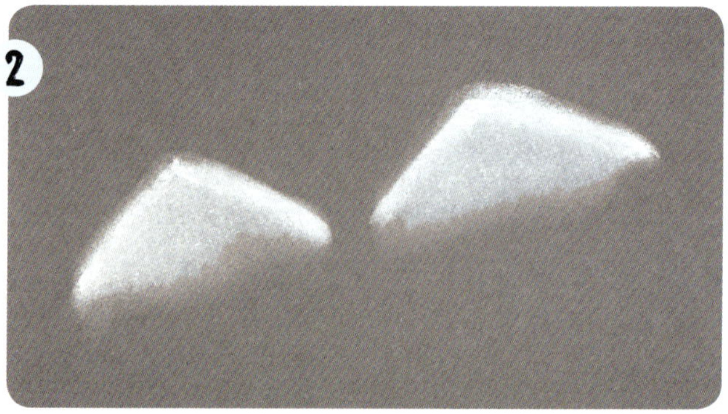

2

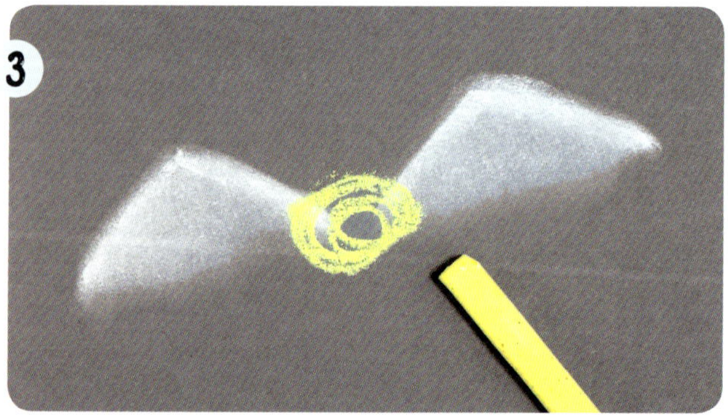

3

4

5

6

7

LIBELLE

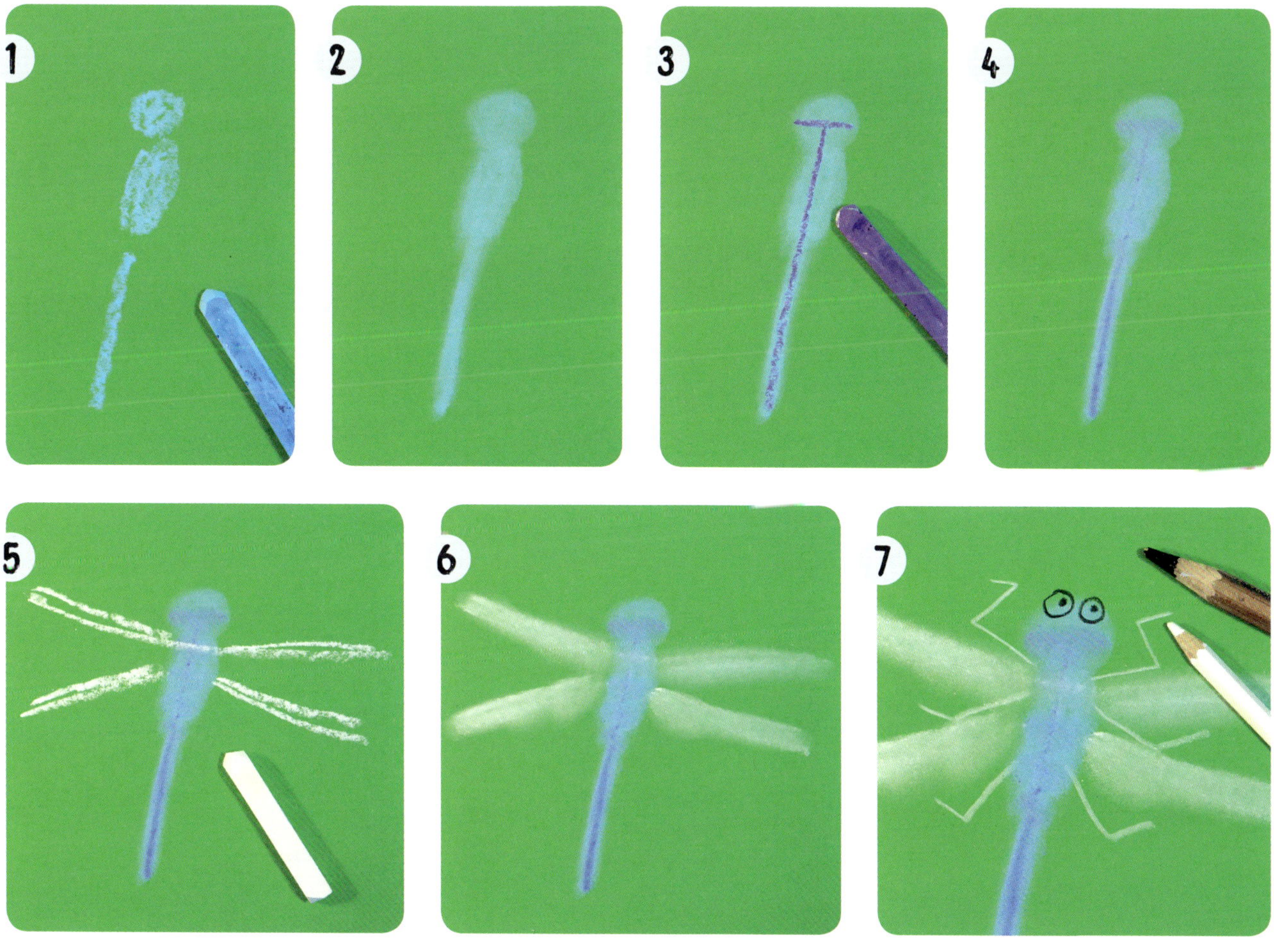

1

2

3

4

5

6

7

BIENE

1

2

3

4

5

6

7

8

9

SCHMETTERLING

1 2  3  4

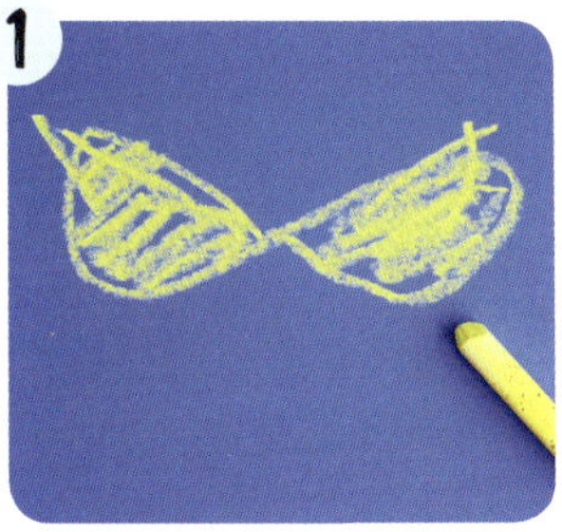

5  6  7  8

9  10  11

HEUSCHRECKE

1

2

3

4

5

6

7

8

MARIENKÄFER

1

2

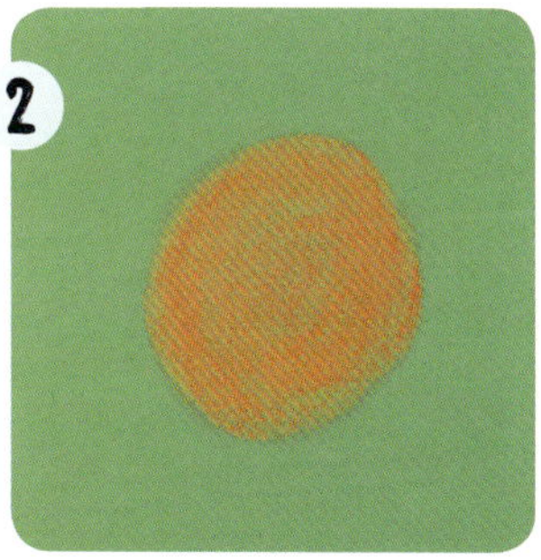

3

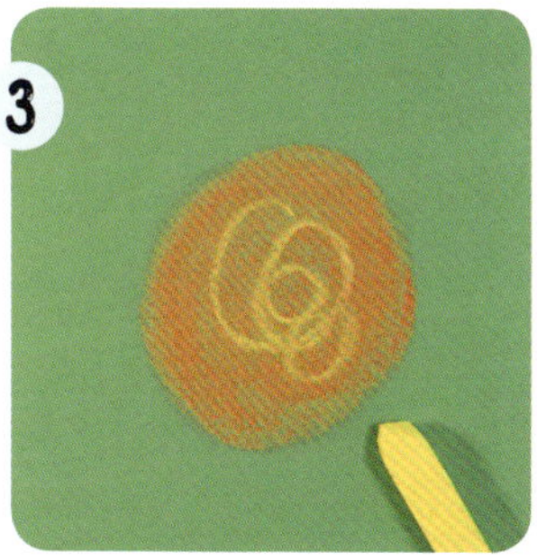

4

5

6

7

8

9

10

11

SCHNECKE

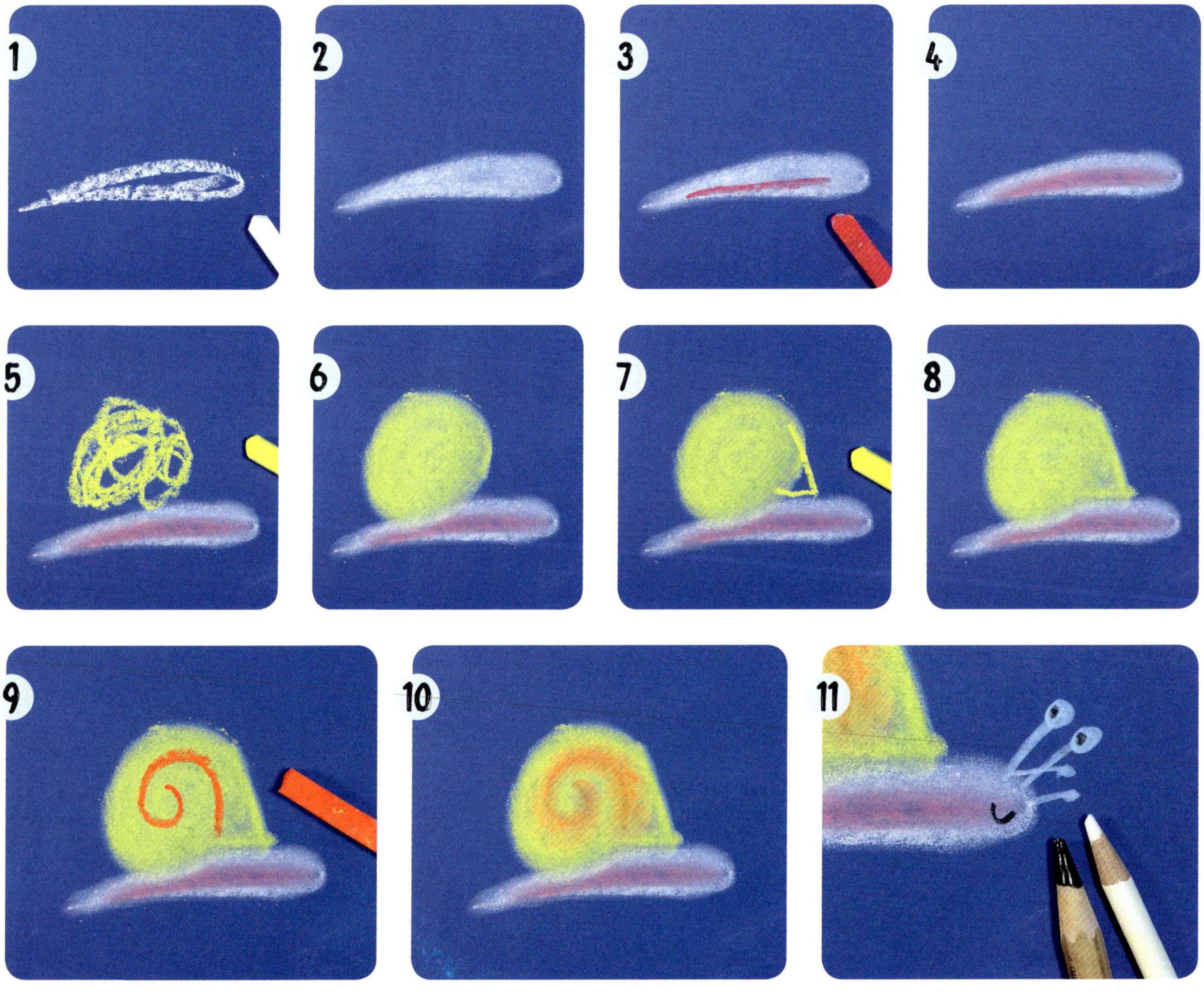

1 2 3 4

5 6 7 8

9 10 11

FROSCH

1

2

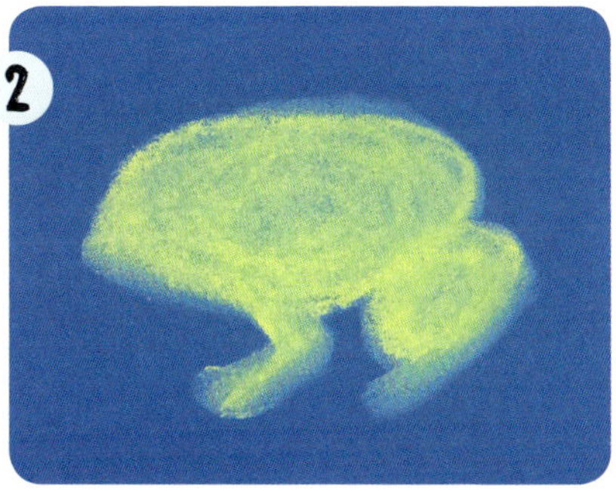

3

4

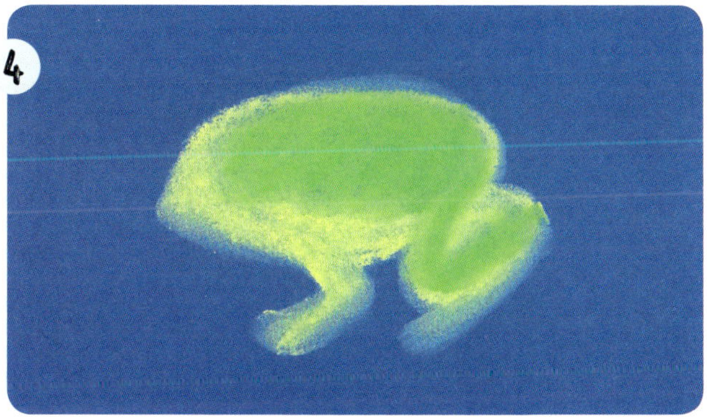

5

6

7

SCHILDKRÖTE

1 2 3 4

5 6 7 8

9 10 11

SCHLANGE

1

2

3

4

5

6

7

CHAMÄLEON

LEGUAN

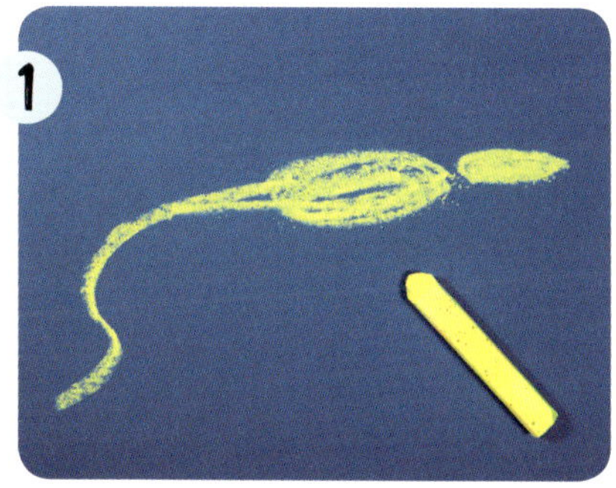

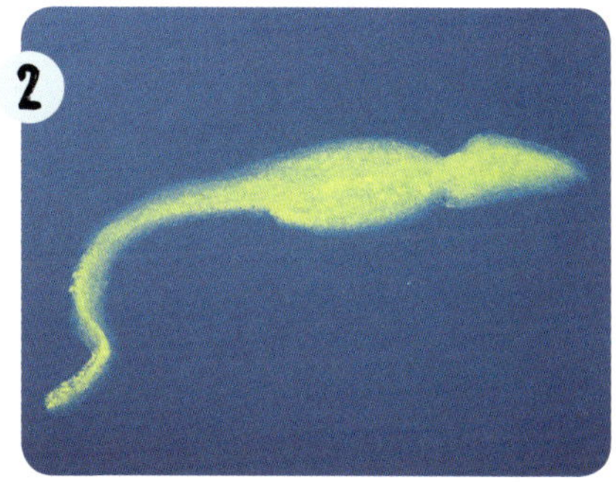

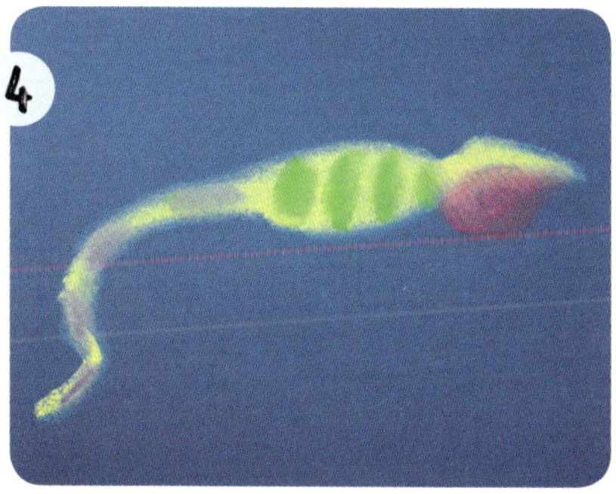

1

2

3

4

5

6

7

8

NASHORN

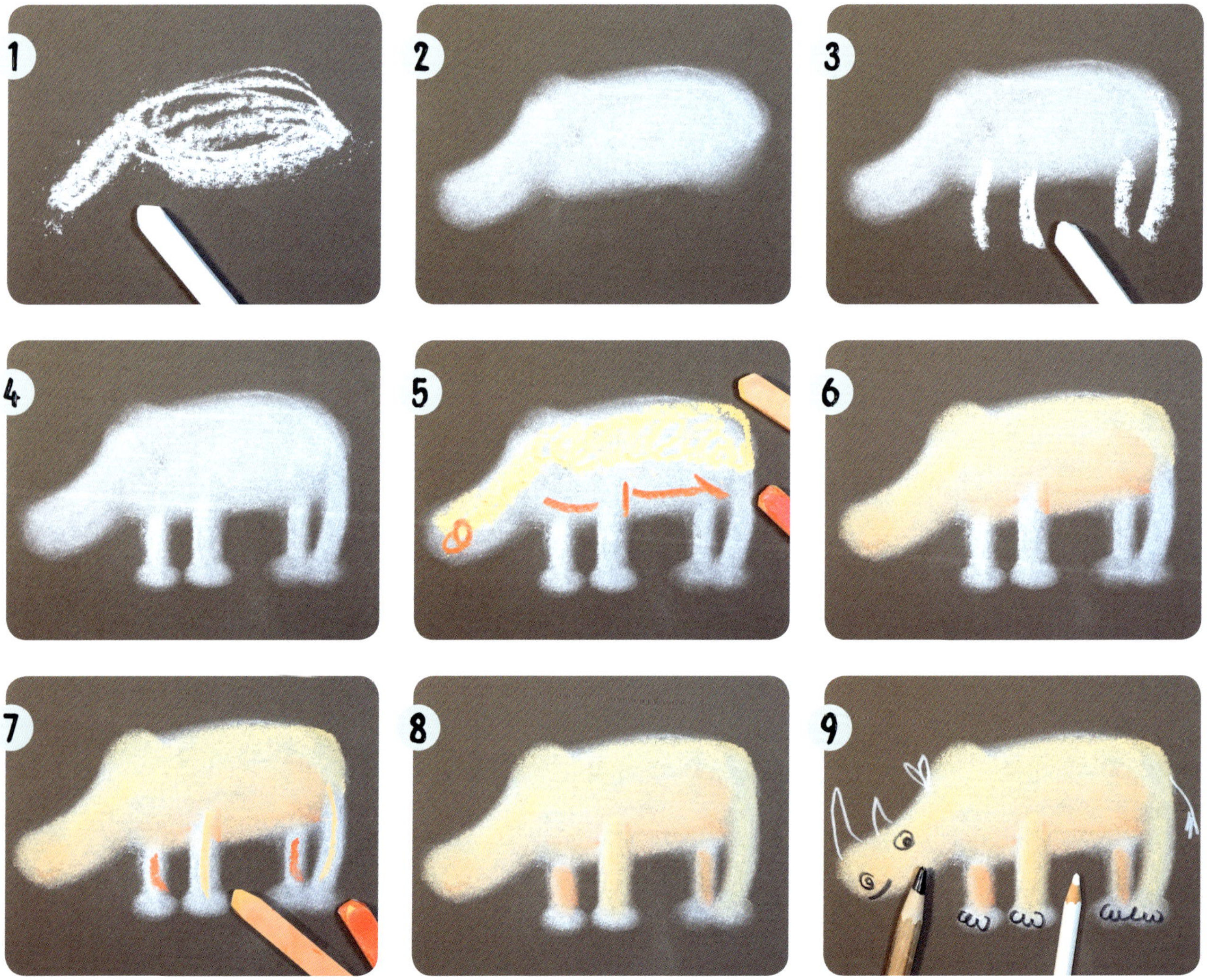

1

2

3

4

5

6

7

8

9

ELEFANT

1

2

3

4

5

6

7

8

9

LÖWE

1

2

3
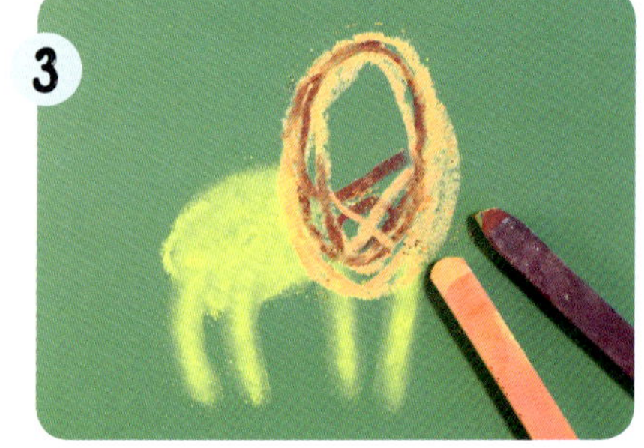

4
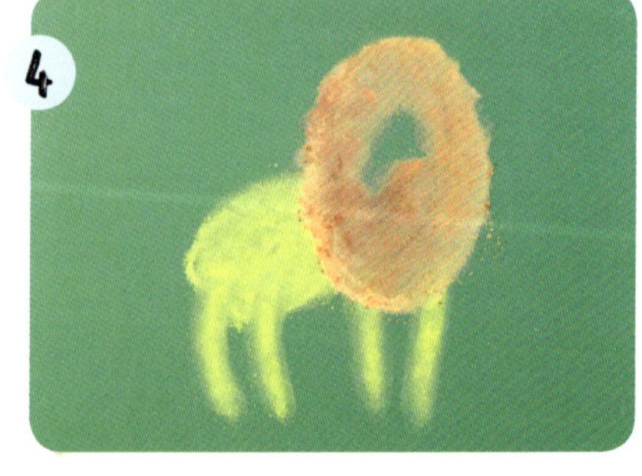

5
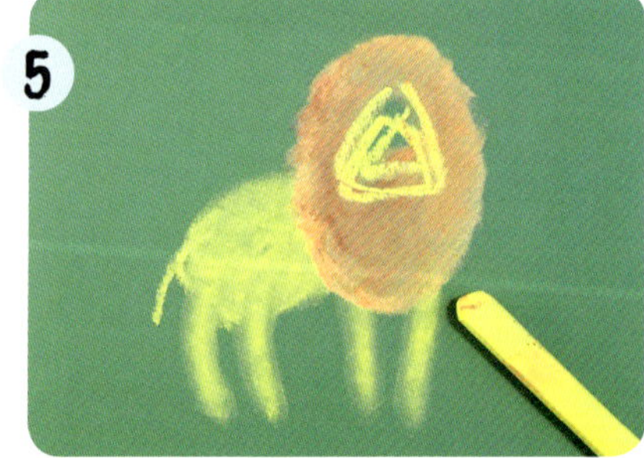

6
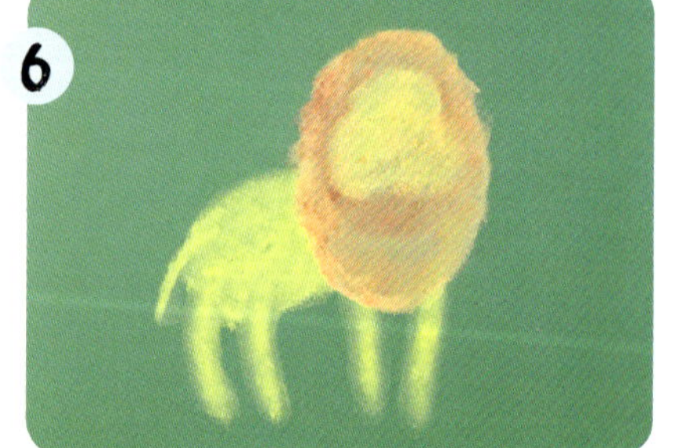

7

8

9

TIGER

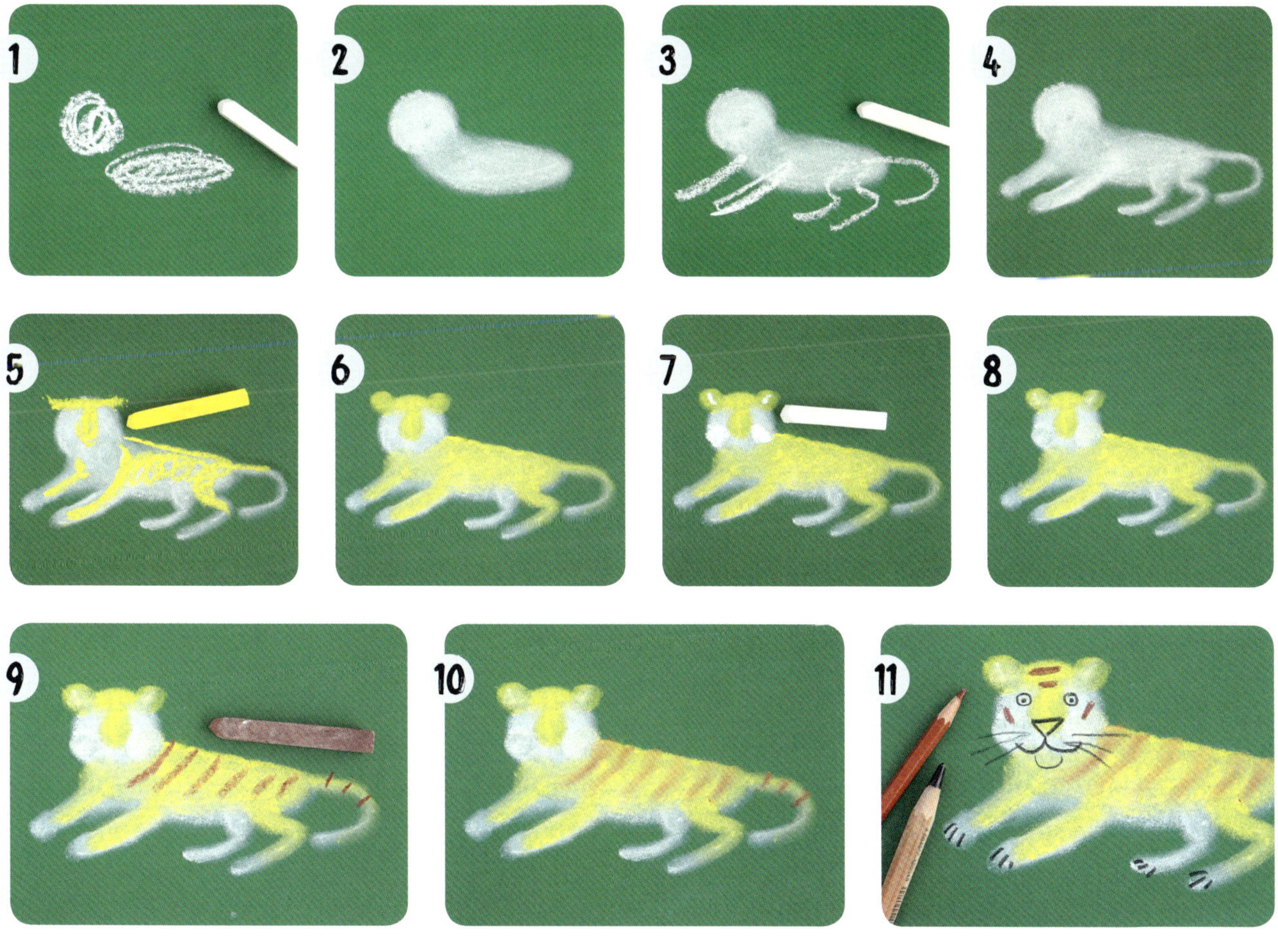

1

2

3

4

5

6

7

8

9

10

11

LEOPARD

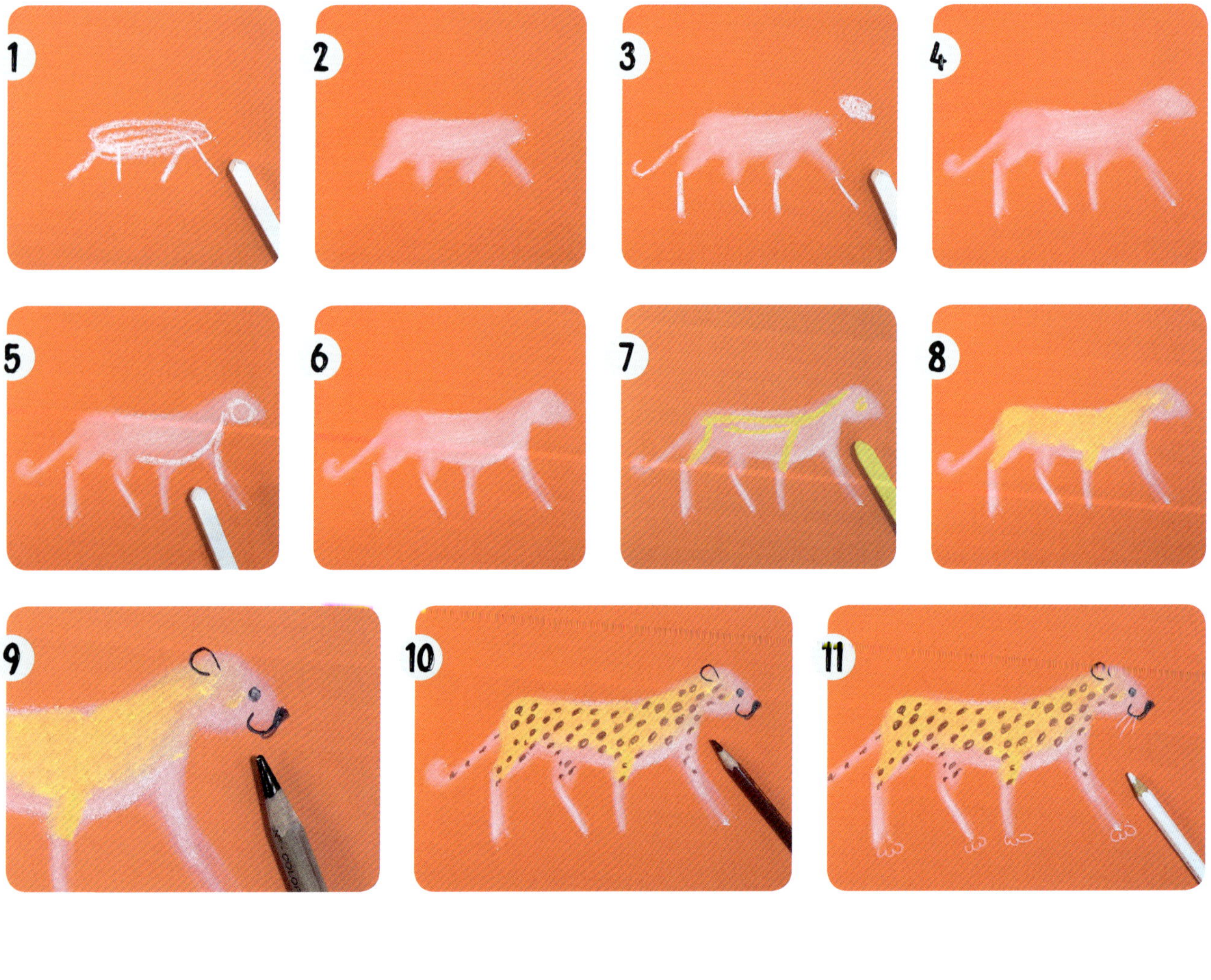

1

2

3

4

5

6

7

8

9

10

11

KATTA

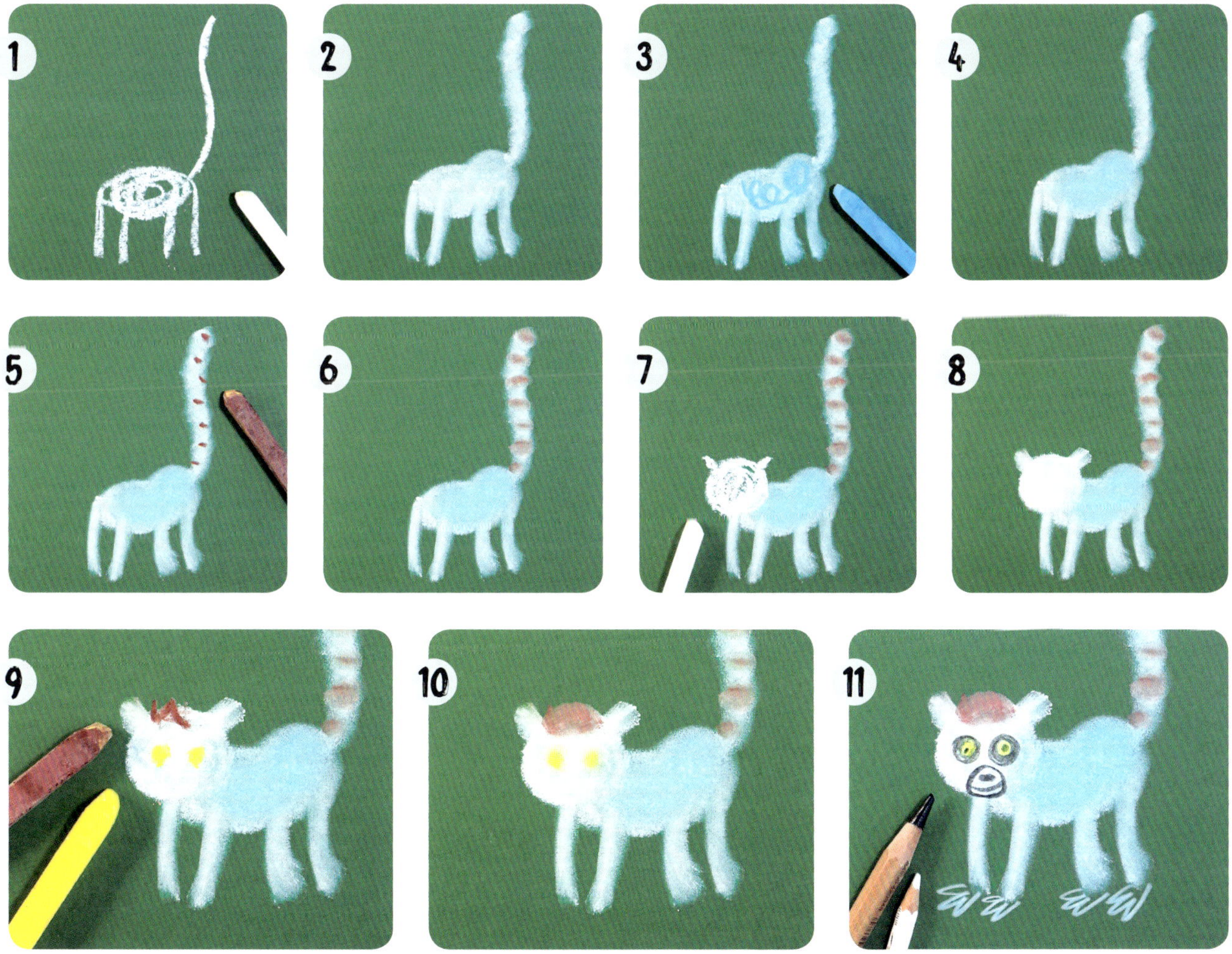

1 2 3 4

5 6 7 8

9 10 11

GORILLA

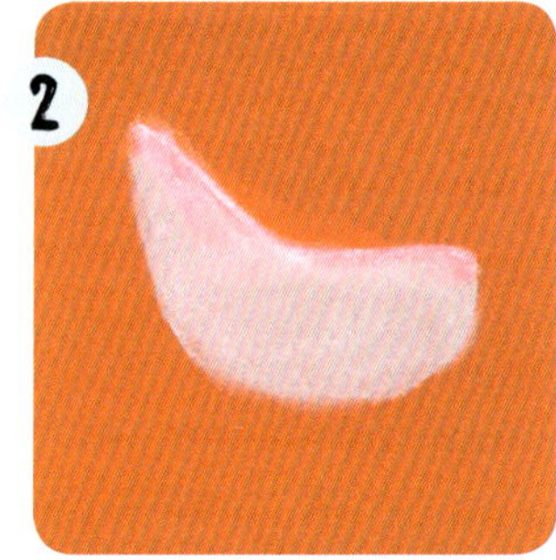

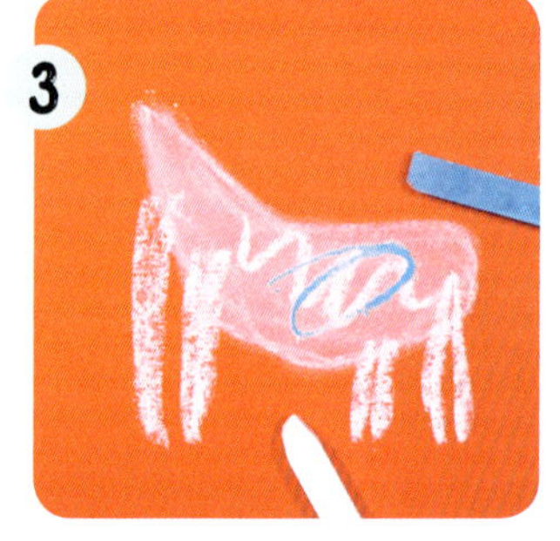

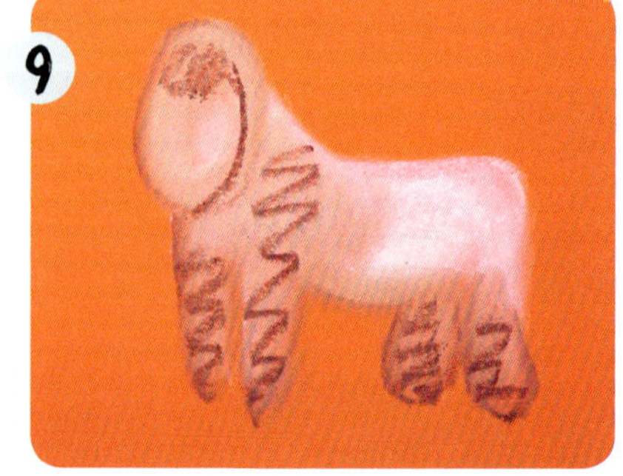

GIBBON

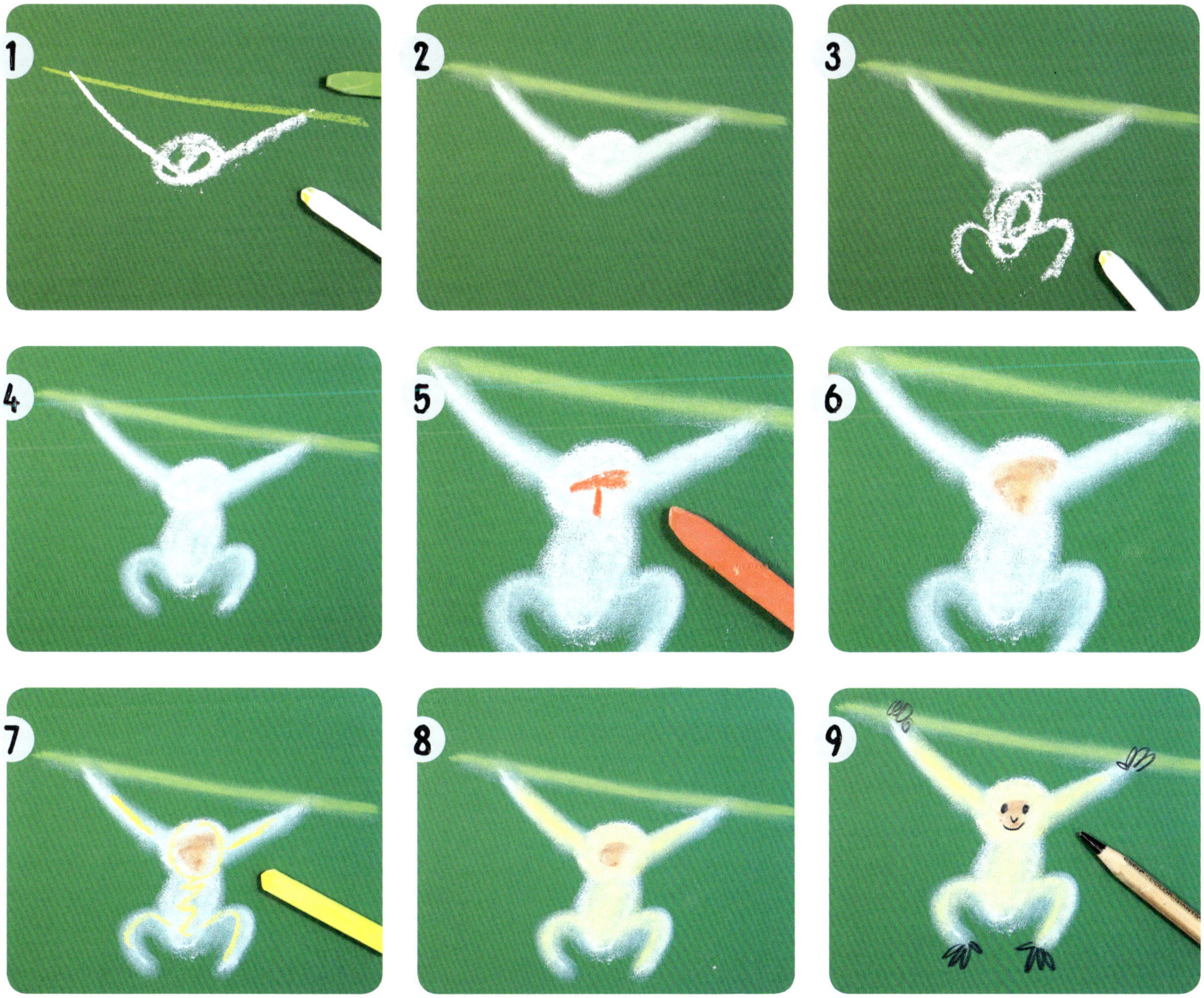

1 2 3

4 5 6

7 8 9

1 2 3 4

5 6 7 8

9 10 11

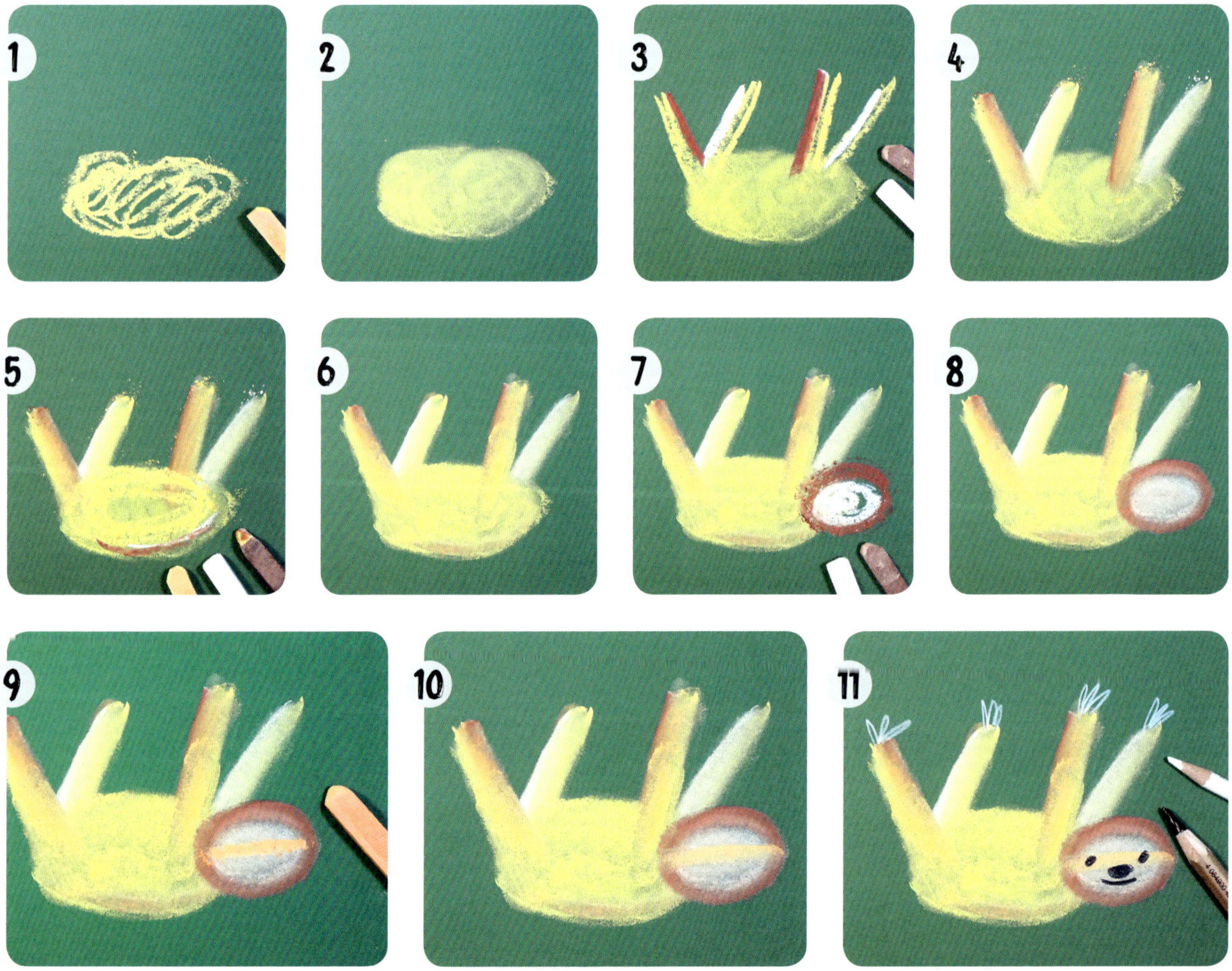

KOALA

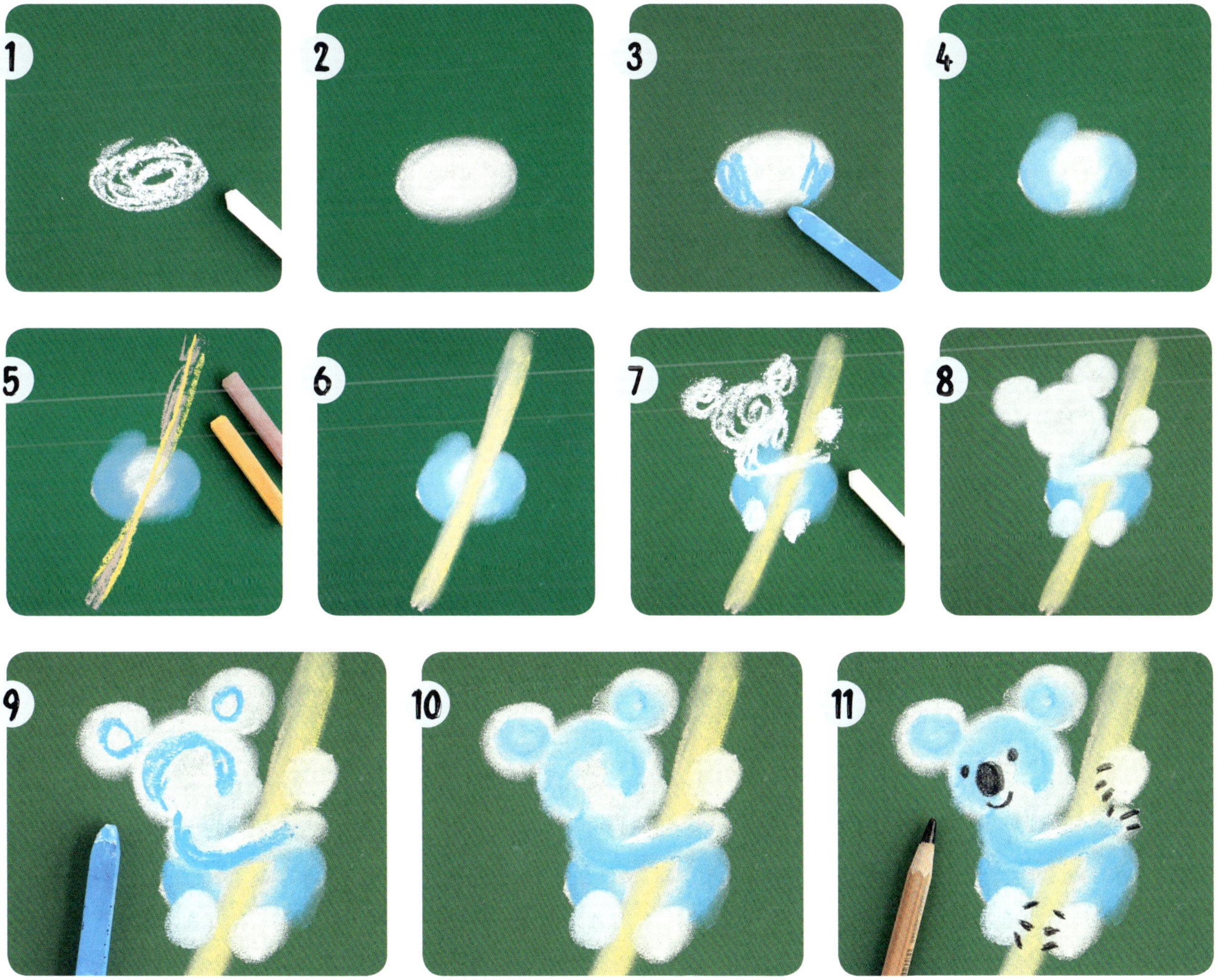

1

2

3

4

5

6

7

8

9

10

11

KÄNGURU

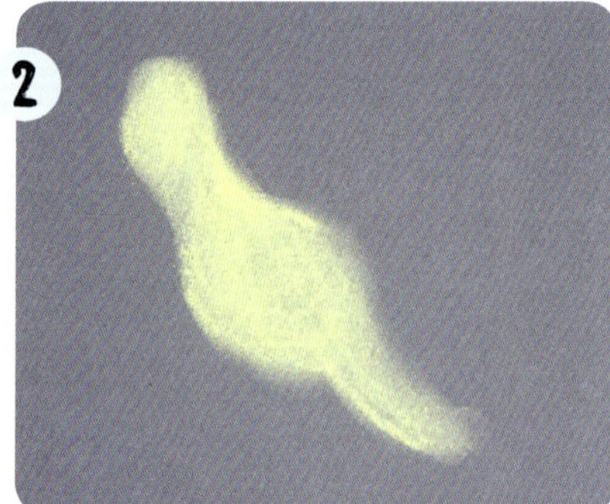

NASENBÄR

1

2

3

4

5

6

7

LAMA

DROMEDAR

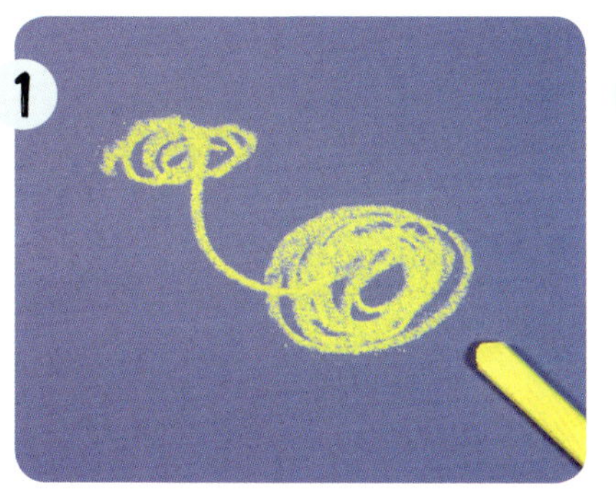

BRAUNBÄR

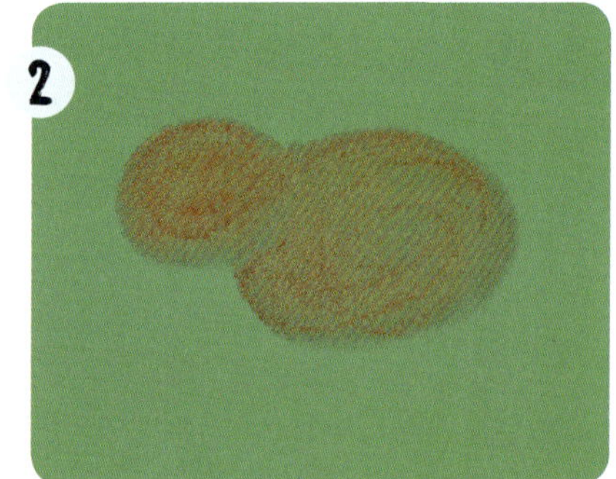

EISBÄR

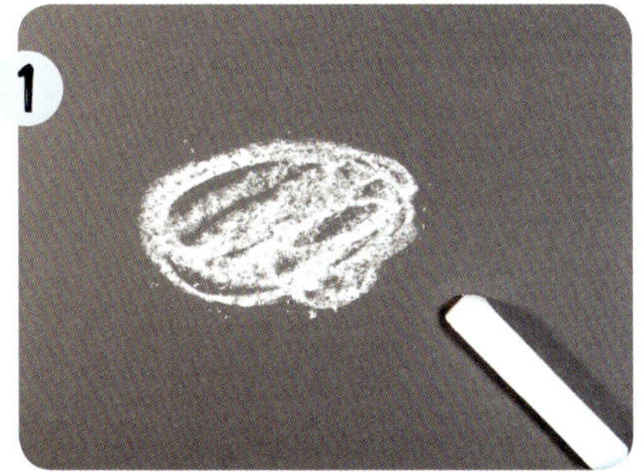

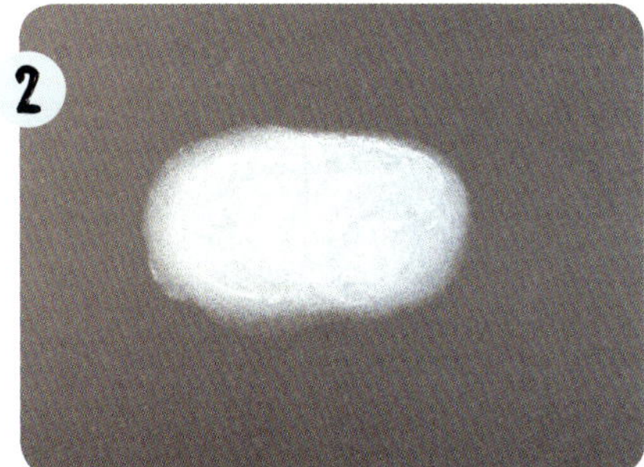

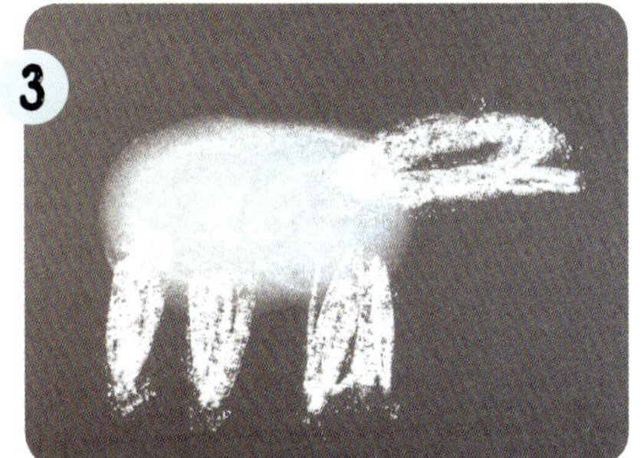

SEEHUND

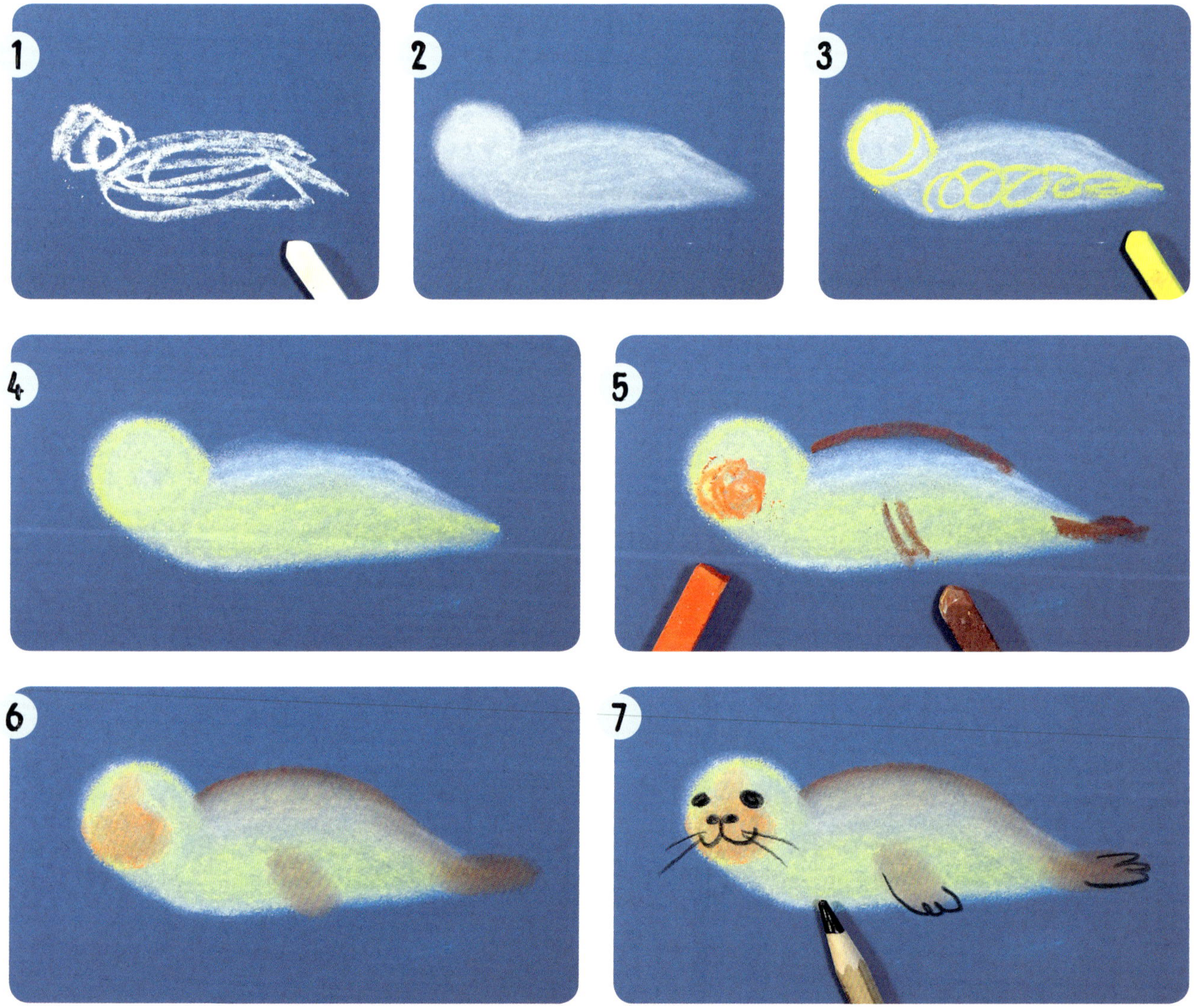

1

2

3

4

5

6

7

DELFIN

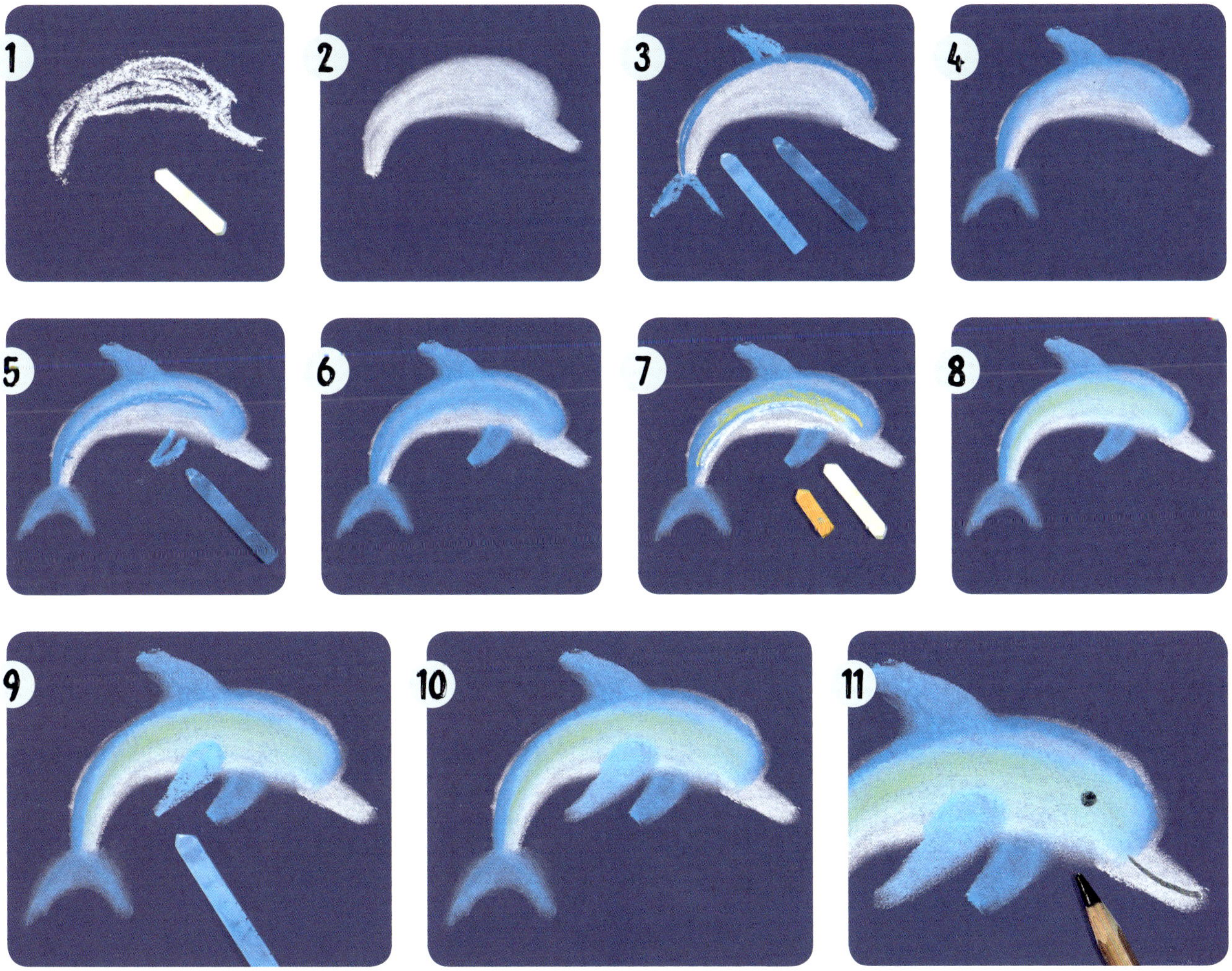

1 2 3 4 5 6 7 8 9 10 11

WAL

1

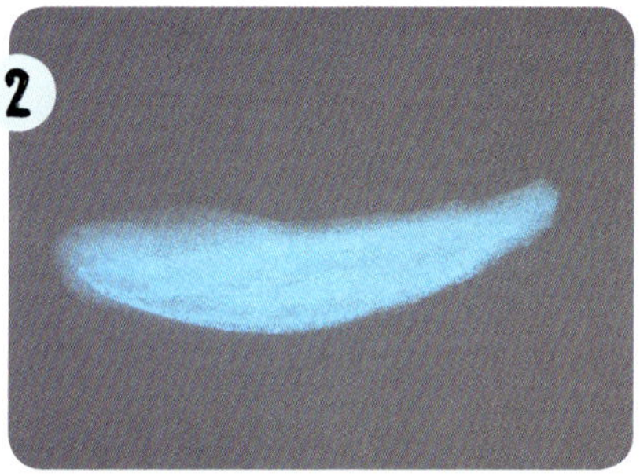

2

3

4

5

6

7

HAI

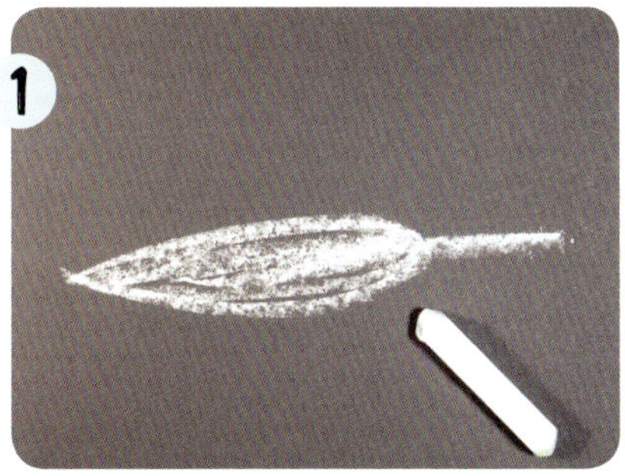

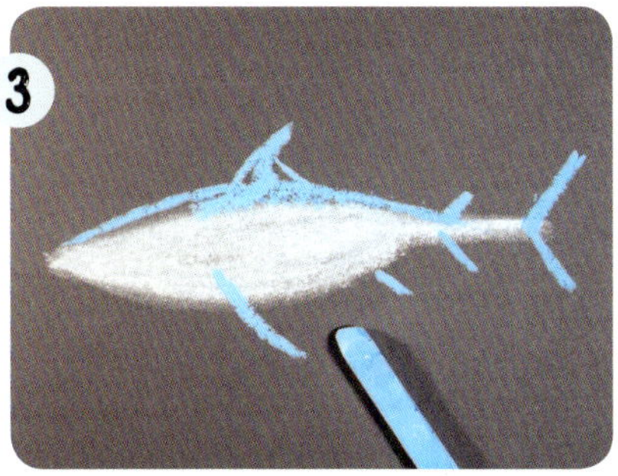

CLOWNFISCH

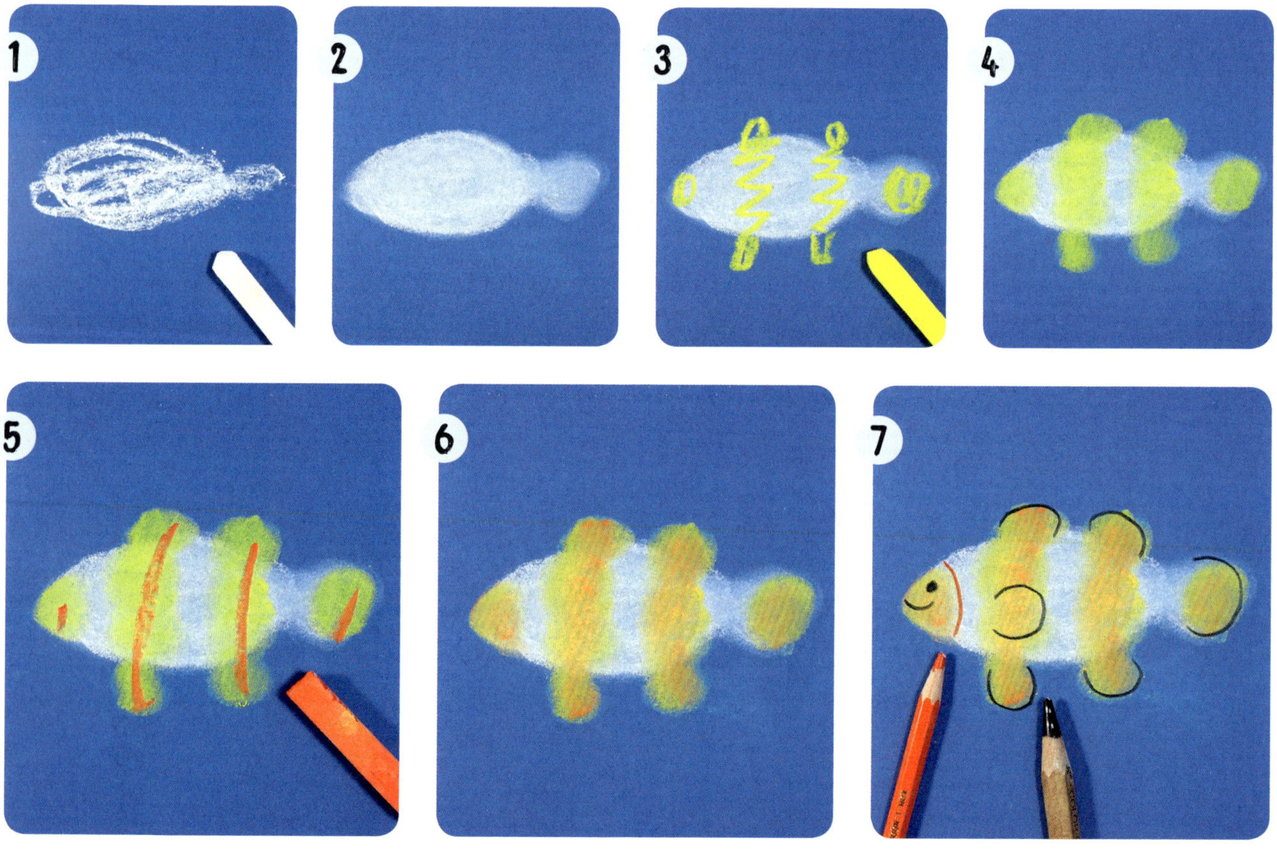

DOKTORFISCH

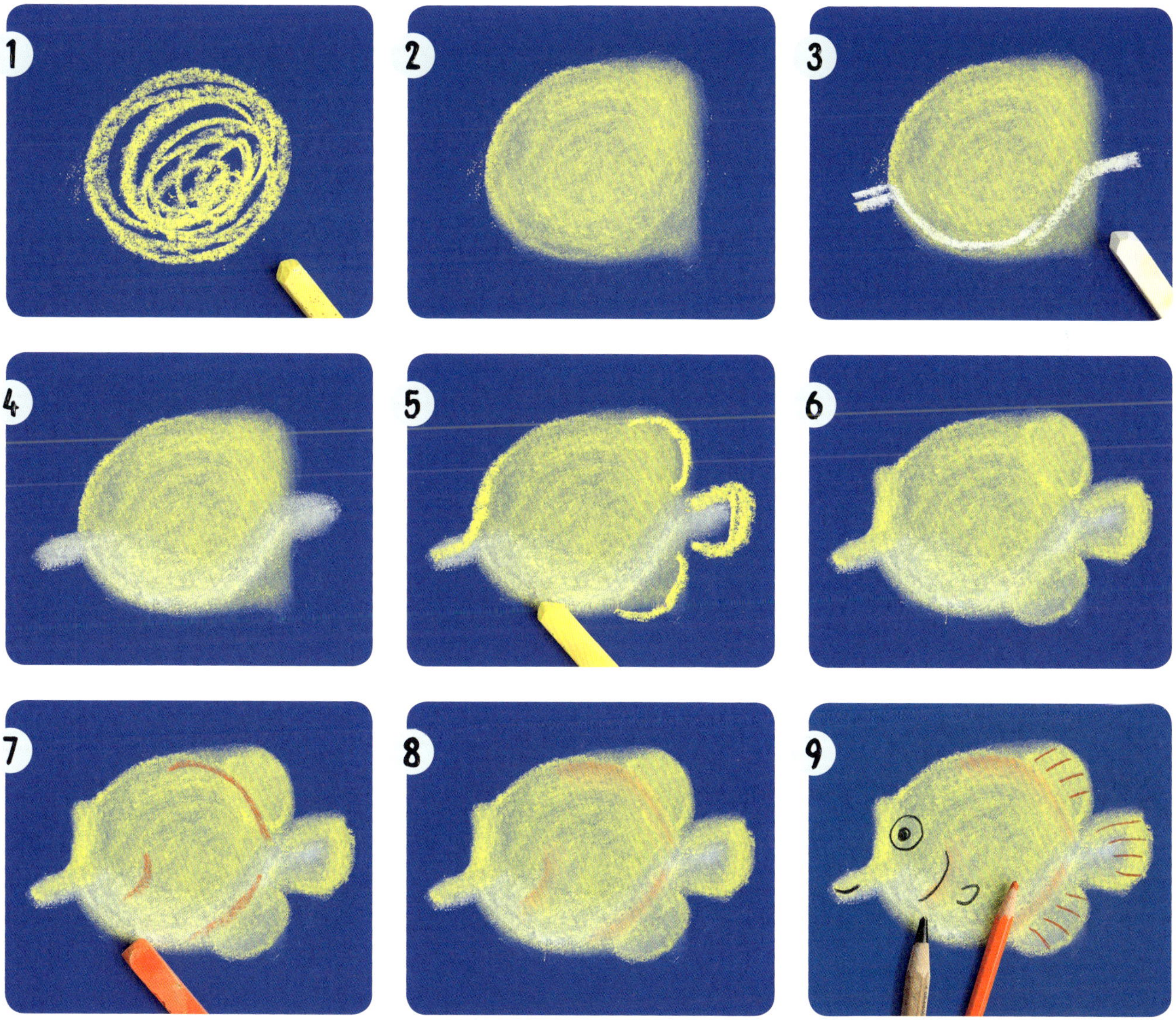

1

2

3

4

5

6

7

8

9

GOLDFISCH

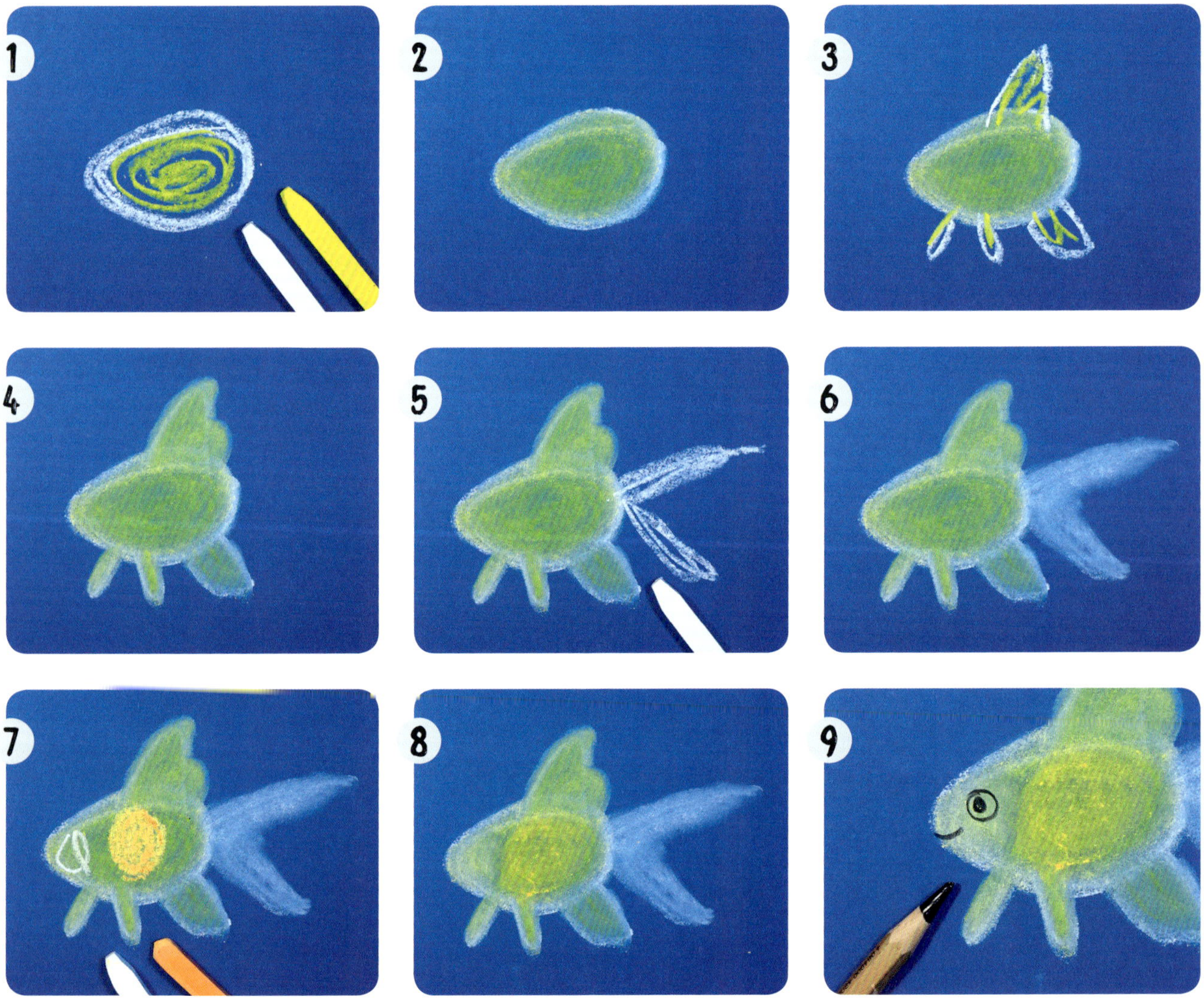

1

2

3

4

5

6

7

8

9

SEEPFERDCHEN

1

2

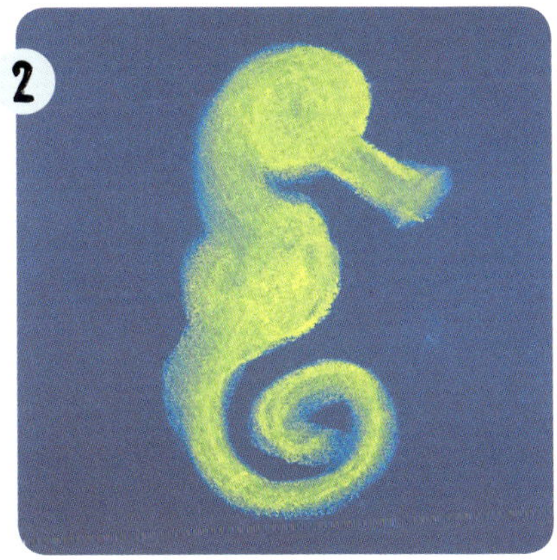

3

4

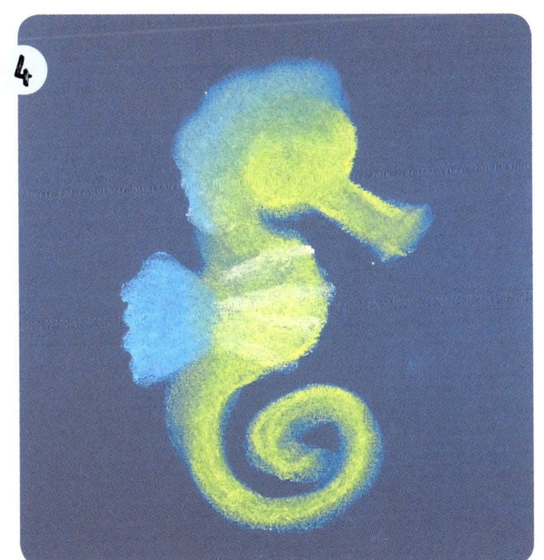

5

TINTENFISCH

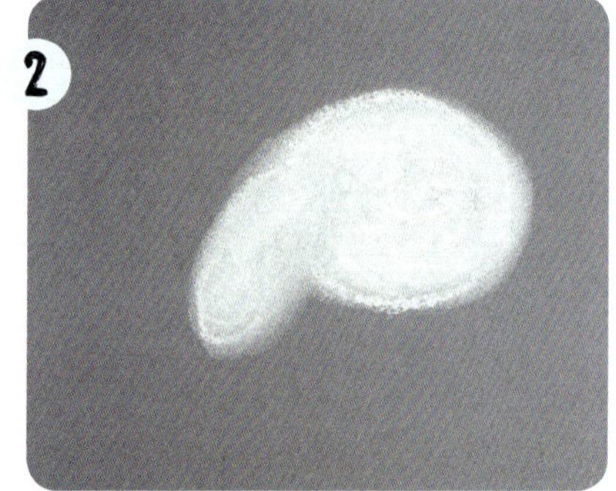

QUALLE

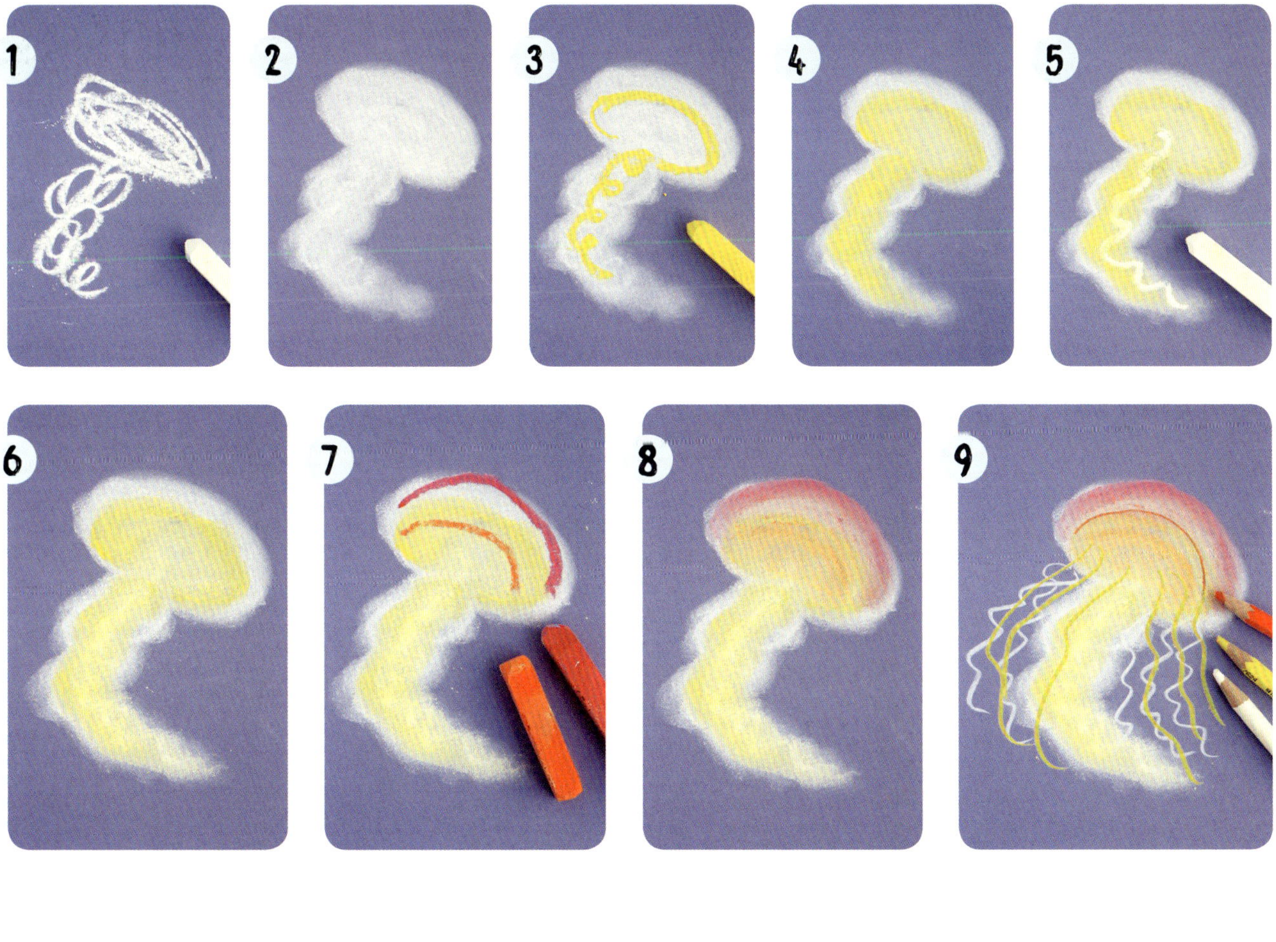

1

2

3

4

5

6

7

8

9

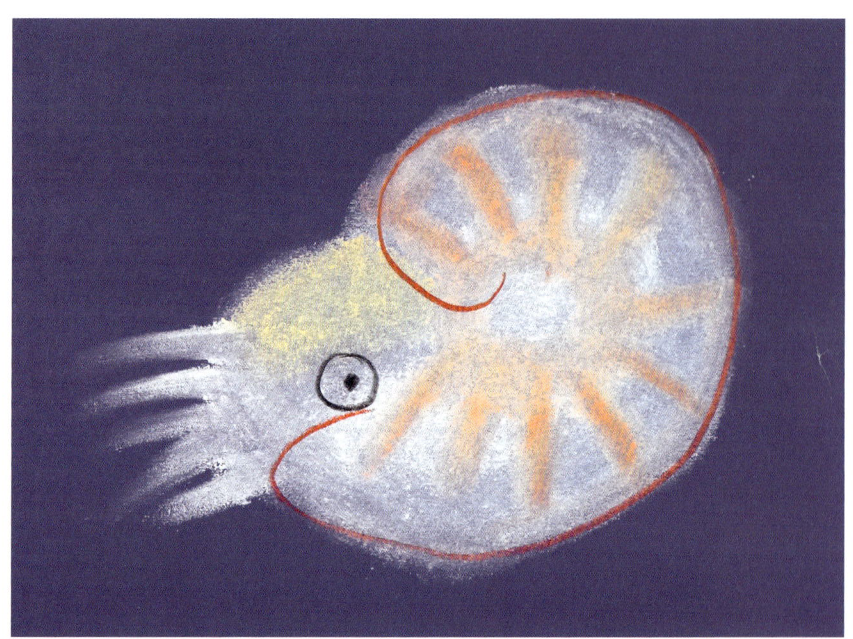

NAUTILUS

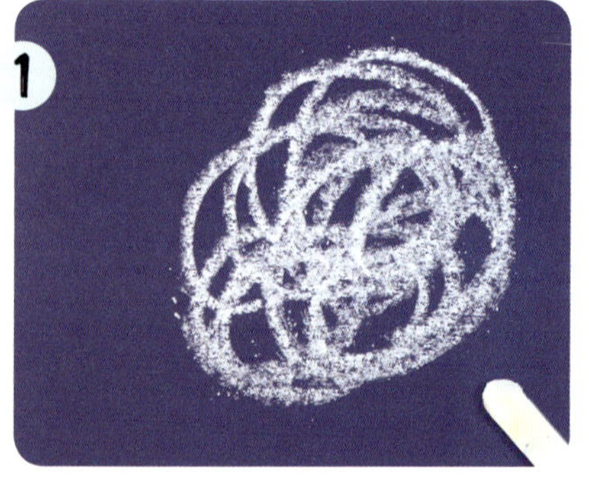

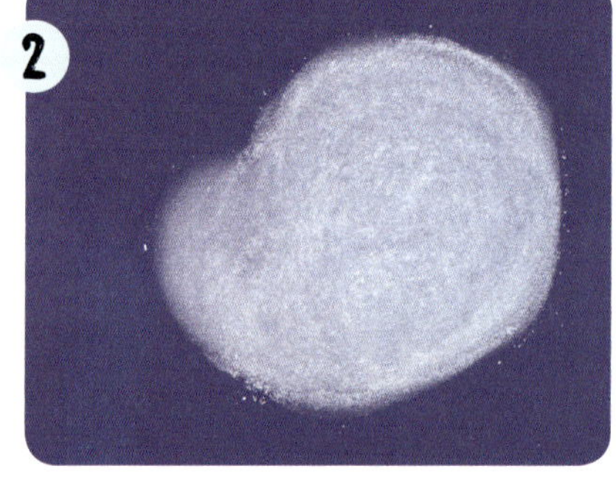

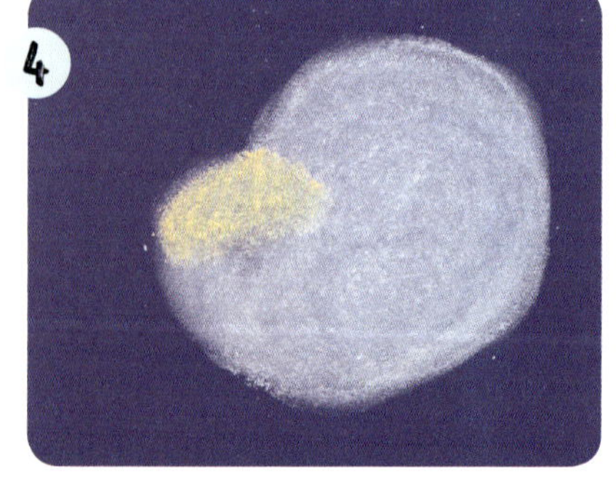

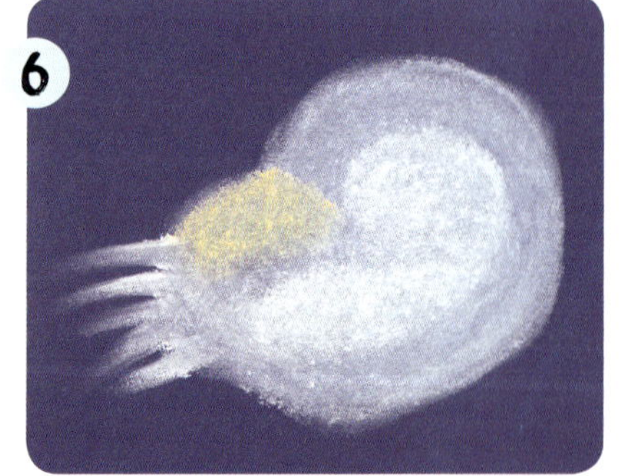

KRABBE

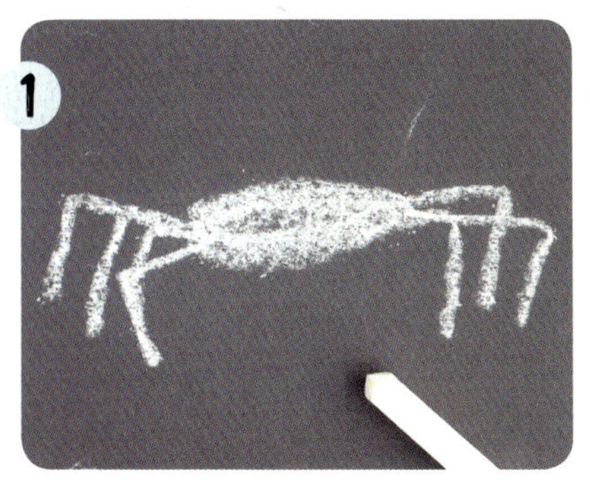

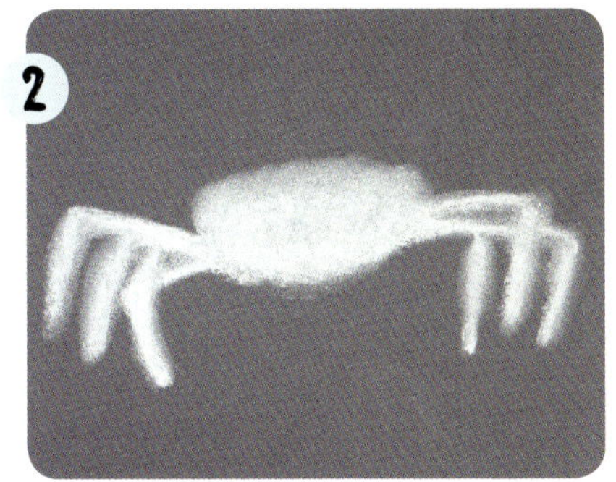

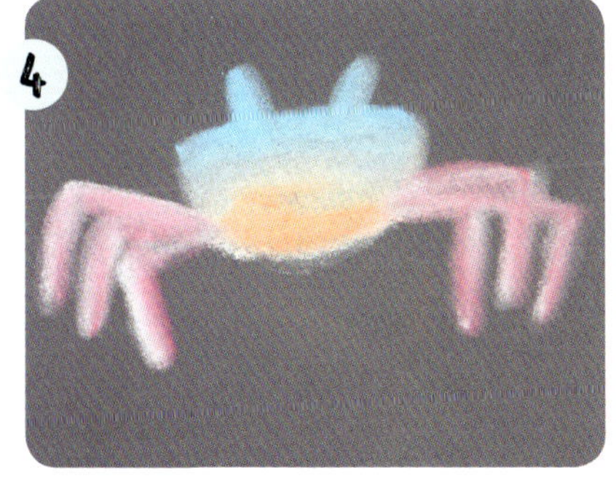

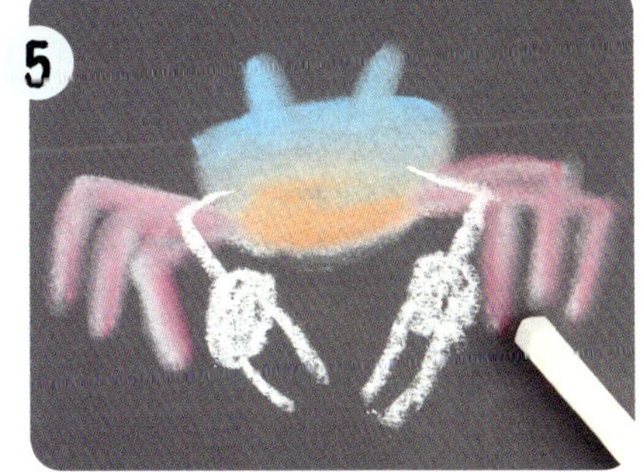

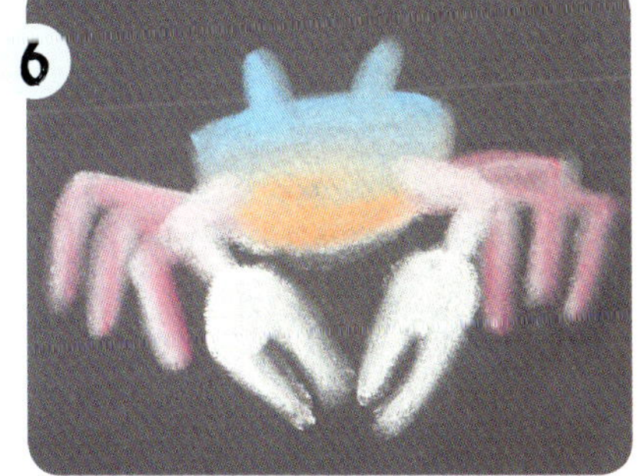

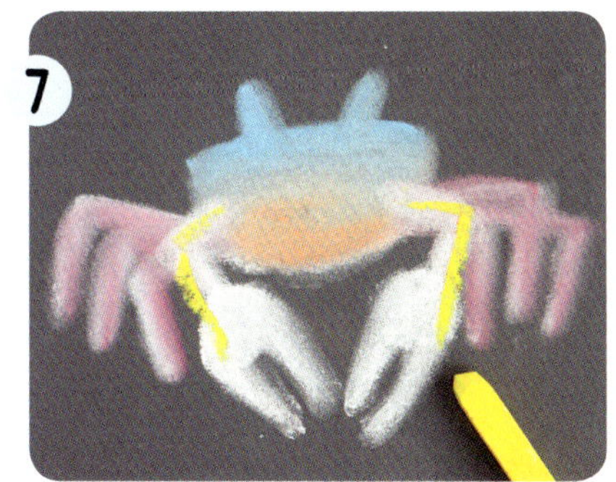

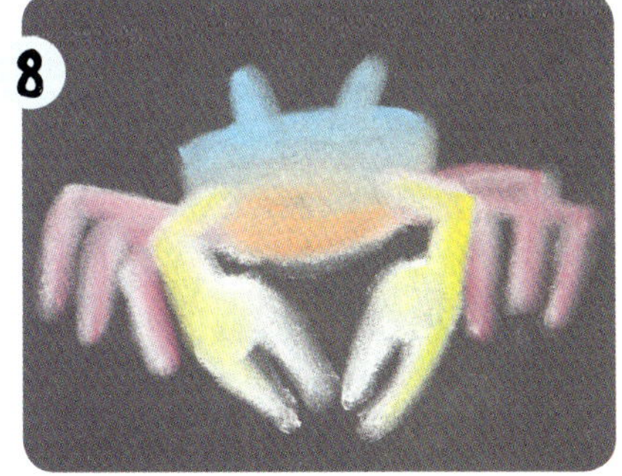

ISBN: 978-3-8094-4546-3

1. Auflage

Idee und Gesamtgestaltung: Norbert Pautner, Berlin
Projektleitung: Birte Dittmann
Herstellung: Karin Herres
Tierfotos: Adobe Stock

Druck und Bindung: Druck und Bindung: Alföldi, Debrecen
Printed in Hungary

Penguin Random House Verlagsgruppe FSC® N001967

Bildnachweis Tierfotos:
5 links, 60: mzphoto11 – stock.adobe.com; 5 mitte: artepicturas – stock.adobe.com; 5 rechts: Ingo Bartussek – stock.adobe.com; 8: panuruangjan – stock.adobe.com; 9: Ji – stock.adobe.com; 10: Steffen – stock.adobe.com; 11: Hummingbird Art – stock.adobe.com; 12: Stefan – stock.adobe.com; 13: manuela schewe-behnisch/EyeEm – stock.adobe.com; 14: Radek – stock.adobe.com; 15: byrdyak – stock.adobe.com; 16: Chiragsinh – stock.adobe.com; 17: David – stock.adobe.com; 18: dieter76 – stock.adobe.com; 19: trattieritratti – stock.adobe.com; 20: VOLODYMYR KUCHERENKO – stock.adobe.com; 21: mylisa – stock.adobe.com; 22: Javier – stock.adobe.com; 23: aarstudio – stock.adobe.com; 24: marilyn barbone – stock.adobe.com; 25: frolova_elena – stock.adobe.com; 26: lightpoet – stock.adobe.com; 27: The physicist – stock.adobe.com; 28: Natelle – stock.adobe.com; 29: Susanne Fritzsche – stock.adobe.com; 30: bbnkpvlvktrvch – stock.adobe.com; 31: lenkadan – stock.adobe.com; 32: fast_9 – stock.adobe.com; 33: creativenature.nl – stock.adobe.com; 34: Joachim Neumann – stock.adobe.com; 35: Bob Parker – stock.adobe.com; 36: DenisNata – stock.adobe.com; 37: Wim – stock.adobe.com; 38: Sander Meertins – stock.adobe.com; 40: creativenature.nl – stock.adobe.com; 41: creativenature.nl – stock.adobe.com; 42: MR.BIG – stock.adobe.com; 43: butterfly-photos.org – stock.adobe.com; 44: brudertack69 – stock.adobe.com; 45: haiderose – stock.adobe.com; 46: stopabox – stock.adobe.com; 47: Corinna Voß – stock.adobe.com; 48: Michal – stock.adobe.com; 49: alfinandra – stock.adobe.com; 50: Jan – stock.adobe.com; 51: Volodymyr – stock.adobe.com; 52: Lubos Chlubny – stock.adobe.com; 53: art_zzz – stock.adobe.com; 54: Andrew Deer – stock.adobe.com; 55: Petr – stock.adobe.com; 56: EcoView – stock.adobe.com; 57: aussieanouk – stock.adobe.com; 58: bimserd – stock.adobe.com; 59: Kjersti – stock.adobe.com; 60: photographee2000 – stock.adobe.com; 61: daphot75 – stock.adobe.com; 62: John – stock.adobe.com; 63: Helen – stock.adobe.com; 64: bchyla – stock.adobe.com; 65: kulikovaphoto – stock.adobe.com; 66: Ivan – stock.adobe.com; 67: Paul – stock.adobe.com; 68: Björn Wylezich – stock.adobe.com; 69: slowmotiongli – stock.adobe.com; 70: Craig Lambert Photo – stock.adobe.com; 71: michaelgeyer – stock.adobe.com; 72: themorningglory – stock.adobe.com; 73: Татьяна Воронцова – stock.adobe.com; 74: Sergey Lavrentev – stock.adobe.com; 75: ELENA – sto ck.adobe.com; 76: Andrea Izzotti – stock.adobe.com; 77: leeyiutung – stock.adobe.com; 78: diveivanov – stock.adobe.com; 79: Roman – stock.adobe.com